山西文化之旅
——歷史事件篇

晉旅　主編

審　　訂：劉敏等
本冊編寫：謝燕

在地球的東方，有一片神奇的土地，它頭枕長城、腳踏黃河，是中華文明的發祥地，中國上古聖賢堯舜禹皆生於斯長於斯成於斯，它的名字叫中國山西。

五千多年文明在這片十五點六七萬平方千米的土地上留下了輝煌燦爛的文化遺存。一個個王朝，一個個世紀，浩如煙海的歷史瑰寶層層疊疊，不落塵埃，交相閃耀在歷史的天空，讓人目不暇接。

或許是這片土地上的歷史太過悠長、太過厚重，即使是專業的歷史文化學者窮極經年亦難窺其萬一。

《山西文化之旅》的創意原始而又簡單，就是想在浩瀚的歷史時空中，擷取那些時光凝成的精華，把發生在這片土地上的最重大的歷史事件、最重要的歷史人物、最典型的歷史地理變遷和傳承至今的文化風物，用小故事的方式呈現給您，讓您在愉快的旅途中、茶餘飯後的閒適中、忙碌工作的餘暇中，輕鬆地瞭解中國山西、讀懂中國山西、愛上中國山西！

王一新

目錄

CONTENTS

寫在前面／王一新

先秦時期

兩漢時期

西晉北朝時期

隋唐時期

五代十國時期

宋遼金時期

元明清時期

民國時期

後記

先秦時期

涿鹿之戰

蚩尤血染鹽池

上古時期有黃帝大戰蚩尤的傳說，即涿鹿之戰，運城解州的名字就緣於這場戰爭，據說是蚩尤被分解身首的地方。

解州有方圓百里的鹽池，夏季顏色鮮紅，當地人祖祖輩輩說是蚩尤的血染成的。鹽池東南的從善村以前叫蚩尤城，還有個蚩尤塚，傳

運城鹽池　梁銘／攝影

說蚩尤就葬在這兒。

中國人常說自己是炎黃子孫，意思是華夏民族的始祖炎帝和黃帝的後代。也有專家認為黃帝和炎帝並不是人名，而是四五千年前黃河流域著名的部落首領稱謂。《史記》開篇《五帝本紀》便記載了黃帝的事蹟。古代神話《山海經》裡也詳細介紹過黃帝，還描述了上古時期這場大戰。

蚩尤是東夷部落首領，他造的戈、矛、戟等銅兵器，尖利無比，後來他想把部落地盤擴大到黃河流域，黃帝當然不能答應，一場戰爭在所難免。

傳說戰爭打得非常慘烈，作戰三年，大小戰鬥七十二次，風雨旱霧都成為武器。最終黃帝擒獲蚩尤，並肢解了他，蚩尤的血染紅了鹽池。

這一仗讓黃帝成為部落聯盟首領，他在位很久，人民生活安定，文化進步，出現了很多發明創造，比如文字、音樂、宮室、舟車，黃帝的妻子嫘還發明養蠶繅絲，教人們做衣裳，告別樹葉獸皮。此外，古代醫學也已開始萌芽。

蚩尤雖然戰敗，但也因為他的勇猛而被後世奉為戰神。

堯封唐地

都城建在平陽

二○○一年，山西襄汾陶寺遺址的發掘證實，這裡是唐堯初封的地方。

堯舜禹和黃帝蚩尤一樣，都是部落首領的名稱。傳說，堯十三歲的時候，輔佐同父異母的哥哥帝摯，被封到了唐地，所以他也叫唐堯。帝摯在繼位九年後看到堯征服九夷，名聲遠揚，很多諸侯都歸附他，帝摯很佩服，帶著群臣去了唐地，主動把帝位禪讓給了堯。帝堯把都城建在平陽，就在現在的山西臨汾。

今天臨汾城南「帝堯故里」伊村，還有萬曆年間立的「帝堯茅茨土階」石碑。當時百姓生活艱難，堯也同甘共苦，穿粗布衣，吃糙米飯，住土屋子，過得非常簡樸。堯的生活雖然清苦，但於國事上卻毫不怠慢，他物色了很多才能出眾的人擔任各種官職，做出了很多政績。如派羲和制定曆法，確定一年三百六十六天，測定春分、秋分、夏至、冬至等各種節氣，指導農業生產；派鯀、禹治理洪水，肆虐多年的滔天洪水被疏通後流入了大海。

今臨汾西南的堯廟，是歷朝歷代祭祀堯帝的地方，其中唐代的五
鳳樓就是在堯帝和大臣們議事的地方修建的，象徵著君臣和諧，政通
人和。

堯舜禪讓

丹朱爭權失敗

在臨汾郭村和澇河之間，有著純淨黃土築就的堯陵，高五十米，環周八十米，遠望就如一丘巒，非常壯觀。它是中國最古老的陵墓之一。

中國明君始自堯。除了說他是古代傳說中的聖人，還因為他推行了禪讓制度，堯在今山西南部把帝位禪讓給了舜。

堯年老時，最讓他操心的，是接班人問題。

有人建議讓堯的長子朱繼位，堯不同意，堅持要選擇德才兼備的賢人。他先是聽說許由德高義重，專門去拜訪，結果許由說我要天下沒啥用處，逃到山中隱居起來；堯又去找另一位賢人子州支父，也被人家託病推辭了。當堯聽說曆山有個舜，是個能教化百姓、移風易俗之人時，決定考驗考驗他，是不是接班的合適人選。

堯的考驗辦法很奇特，他把自己的兩個女兒娥皇、女英嫁給舜，想看看舜怎麼待人接物；又讓九個兒子到舜那裡同吃同住同勞動，看他怎麼為人處事；觀察舜在野外遇到狂風暴雨時會不會慌亂誤事。經

過三年考察，堯命令舜代理行政。

對於堯禪位於舜，並非都是贊同聲。治水的鯀就拒絕接受，共工也表示反對，年老的堯為此不惜興兵討伐鯀和共工。

舜攝政二十年後，堯才把帝位禪讓給了他。

堯死後，舜把朱流放到丹水。很快叛亂紛起，讙兜、三苗、夸父、共工等部族擁戴丹朱稱帝。帝舜大軍各個擊破，把他們驅逐出中原，丹朱投水自盡，堯時代夷夏聯盟的局面土崩瓦解了。

在唐初的時候，堯陵前築了祠廟，現仍存山門、牌坊、廂房、獻殿、垛殿、寢殿等建築，祠內存有碑碣十餘通，還保留有明嘉靖時立的堯陵全圖碑刻，至今完好。

舜都蒲阪

官員分工考核

在萬榮縣稷王山麓的太趙村，有一座修建於宋代的稷王廟，是為了紀念后稷而建的。在山西南部，這樣的廟宇有多處，比如新絳的穀神堂，供奉著后稷和伯益。傳說中他們都是舜禹時代的官員。后稷本名棄，是教百姓種植五穀的農業長官；益則是輔助大禹治水有功的人。

舜接受堯的禪讓後，定都蒲阪，大約在現在的運城永濟，這裡成為當時的政治經濟中心。

舜一上位就給各大臣們封了官。禹擔任司空，治理水土；棄擔任后稷，掌管農業；契擔任司徒，推行教化；皋陶擔任「士」，執掌刑法。

以前大家是沒有分工的，亂哄哄地議事幹活，現在有了職務，每三年考核一次，獎優懲劣。傳說皋陶制定了中國第一部《獄典》，判案公正，被列為接班人，但他英年早逝了；管音樂的夔，曾用音樂使舜名聲遠揚，立下功勞，後來卻因為生活放蕩被革職。

舜每五年要全國巡視一次，四方諸侯分別在泰山、華山、衡山、恆山向他彙報工作。舜借此視察四方政治、經濟、軍事狀況，瞭解當地百姓的生產生活。

相傳，舜還劃定了十二州的地域：冀州、兗州、青州、徐州、豫州、揚州、荊州、梁州、雍州、幽州、并州、營州。十二州首領管理百事。舜訓導他們頒布曆法，發展生產，明白衣食是人民的根本，只有推行德政，才能四方歸順。

舜死後，一說是葬在湖南寧遠縣的九嶷山，但現在運城鹽湖區西曲馬村也有個舜帝陵。唐開元二十六年（738）當地始建舜帝陵廟，但毀於明代地震，現在多為清代遺構。

二○一○年，運城舉辦了首屆舜帝德孝文化節，提倡「德政千秋、孝行天下」，到二○一四年，已經舉辦了五屆。

禹都安邑

夏啟終結禪讓

禹繼位後，把都城建在安邑，即現在山西夏縣禹王城。

禪讓制的決定權完全在首領手裡，每次傳賢和傳子這兩種方案都伴隨著激烈的鬥爭。

隨著權力越來越大，財富也越來越向部落聯盟首領集中。禹召開諸侯大會，居然有上萬個諸侯和方國首領參加，他們還帶來了美玉和絲帛做禮物。有一次開諸侯大會，防風氏的國君遲到了，禹直接讓人把他拉出去斬了。

禹的做派已經類似後世集權社會的天子了。

禹也讓過賢。先是表示要讓位給皋陶，但皋陶英年早逝了，又宣布讓賢給和他一起治了十幾年水患的益。據說，當年禹和益治水時，每到名山大澤，就會把見聞傳說記錄下來，這就是後世的《山海經》。禹讓益輔佐政務，卻同時把文武百官都換成兒子啟的親信，並積極在諸侯國中為啟培養勢力。

禹去世後，按照禪讓慣例，三年喪期結束，益要避讓前帝之子一

段時間再登帝位，以表示自己的謙恭，但當益避居後，諸侯們都去朝見啟，並說啟作為帝禹之子應該繼承帝位。

益當然不甘心，他本來就是東夷部落的首領，有私人勢力，於是迅速把啟監禁起來，向天下宣布：帝位是禹禪讓給我的。

不料啟得到了獄官的幫助，成功脫逃後動用軍隊和各諸侯國的勤王隊伍，打敗並擒獲了益，殺掉了他和他的支持者。

這場鬥爭意味著階級社會的正式開始。

啟登帝位後，公開宣布君位的父子世襲制度。這樣，原來的公天下就變成了家天下。禹所在的部落以「夏后氏」為號，所以啟建立的王朝也定名為「夏」，他尊父親禹為夏朝的創立者。

中國歷史上第一個奴隸制王朝成立，仍定都安邑，安邑也因此成為中國首個奴隸制王朝的首都。

桐葉封弟

叔虞被封唐地

唐，就像漢和華夏一樣，歷來被看成是中國的代稱。

人們一般認為，唐源自唐朝，是李氏家族建立的王朝國號，但如果追溯的話，「唐」這一稱謂源自古唐國。

唐王朝的國號來自李淵襲封的「唐國公」，這是中國歷史朝代定名的慣例和典範。但一直往前追，可追至堯，他曾被稱為唐侯，把封地唐治理得很好。

那麼唐到底在哪裡呢？

《史記》中說，「封叔虞於唐，唐在河汾之東，方百里，故曰唐叔虞。」按這個說法，古唐國大約在晉南地區黃河與汾河以東，方圓百里內，這裡是商代有名的諸侯國，西周時，成為叔虞的封地。在今天翼城、曲沃、襄汾一帶，清初顧炎武實地考察後，更是把範圍縮至翼城。

在翼城和曲沃交界處的曲村——天馬遺址，是山西最大的西周遺址，挖掘出了九代晉侯和國君夫人墓。因為晉國的前身是唐國，所以

這裡很可能就是唐國都城。

在很多史書和民間傳說裡，都有桐葉封弟的故事。年幼的周成王和弟弟叔虞在一起玩，成王把一片桐葉剪成「圭」的樣子，交給叔虞說：「我拿這個來封你。」一旁的史官不但把這話記下來，還借著君無戲言的道理讓成王兌現了承諾，讓叔虞被封到唐地。

但分封諸侯這樣的大事真的會這麼兒戲嗎？唐朝柳宗元為此特意寫過《桐葉封弟辨》，說這太不可信了。山西侯馬盟書的發掘者、考古學家張頷也寫過類似文章，他認為是「桐」「唐」古文字音同形近的訛傳，大多是戰國人的附會。

不過叔虞把唐國治理得非常好，他的後代沿用他的治國方針，國家越來越富強，對後世產生深遠的影響。

現在太原西南的晉祠，就是為紀念叔虞而建。

晉獻嘉禾

唐國改稱晉國

　　二○一四年六月，在曲沃，山西第一座大型遺址類博物館——晉國博物館在中國文化遺產日對外開放，展出中國目前發現的商周時期最大的車馬坑、晉國國君及夫人墓葬、千餘件西周精品文物，這是第一座完整展示晉國歷史文化風貌的博物館。

　　說起晉國，還得從叔虞說起。因為他的封地在唐國，所以他被稱為唐叔虞。

　　叔虞把唐這個諸侯國治理得很好，國泰民安。在《史記》裡講有一年，唐叔虞治下收穫了一穗二莖共生的粟禾，就是一大穀穗，被看成是天降福瑞，叔虞把它進獻給哥哥周成王。成王非常高興，又讓叔虞轉贈給他們在外平定叛亂的叔叔周公旦，還特意寫了篇文章《饋禾》；周公接受後回覆了篇《嘉禾》，以表達對成王的感謝和對祥瑞的讚美。

　　這在古代農業社會是非常重大的事件，對唐國來說也是莫大的榮耀。

「晉」的篆文，是器物上放有東西向神明或上級晉薦的會意字，所以，當叔虞的兒子燮父繼位後，把國號由唐改成了晉，很多學者認為起因就是這件事。除此之外，還有兩種說法，一是說因境內有晉水而改名；一是認為唐國的射箭技術歷史悠久，有訓詁和考古專家認為是「晉」即「箭」字的緣故。

晉國在歷史上存在了六百多年，陸續吞併了霍國（今霍州）、魏國（今芮城）、耿國（今河津）、虞國（今平陸）、虢國（今平陸、三門峽），占據著今山西中南大部地區。

後來通過不斷地擴張，除了今天的山西，晉國地域還擴展到今河南、河北大半和內蒙古、陝西部分地區，春秋時期始終是中原大國；戰國時代，源自晉國的韓趙魏占據了戰國七雄中的三個席位。

就像齊魯代指山東、燕趙代指河北一樣，三晉成為山西的別稱。

晉侯鳥尊　王新斐／攝影

曲沃代翼

王位爭奪頻發

春秋時期有多少封國？僅末期有記載的就一百七十多個。

封國之間相互吞併，封國內逐君弒君事件達四十多起，但晉國在綿延六七十年的內亂間，連殺五六任國君，同宗手足相殘、王室小宗取代大宗的歷史，在封國間絕無僅有。

這就是著名的「曲沃代翼」。

翼是晉國早期都城，曲沃是晉國的大邑，是第二大城市，但古曲沃不是現在的曲沃，而是指山西聞喜一帶。

叔虞的基業傳到了第九世晉穆侯，穆侯有兩個兒子，老大叫仇，老二叫成師。晉國的樂官師服覺得奇怪：仇是怨仇，成師是成大業，今後的晉國恐怕要大亂。

居然讓他一語成讖。穆侯死後，他弟弟殤叔篡位，打破嫡長子繼承制，太子仇避走他國。過了幾年，仇帶領他的部下實現了哈姆雷特式的復仇，殺了叔叔後登上王位，這就是晉文侯。他在位三十五年，和各大諸侯合力輔佐周政權，幫助周平王東遷都城，實現了晉國的第

一次發展高潮。

　　文侯死後，兒子晉昭侯繼位，為了削弱殤叔一系的勢力，他把叔叔成師分封到曲沃，沒承想這是「前門驅虎，後門引狼」。成師當時已經五十八歲，在複雜慘烈的政治鬥爭中積累了大量的經驗，借機拉攏貴族，擴充勢力，大施德政，曲沃成為比都城翼還要大的政治經濟中心。

　　西元前六七八年，曲沃派經過七十多年幾代人不斷地努力，到武公的時候，發動政變，占領了晉國所有的土地，登上了王位，曲沃派終於取代了翼派，奪得正統。

　　武公把晉國所有的寶器都獻給上臺不久的周僖王，成功地把晉侯更號為「晉公」，取得「公侯伯子男」中的最高等級，軍隊建制由一軍逐漸擴成三軍，開始了晉國稱霸中原一百多年的歷史，也拉開了春秋時期禮崩樂壞的大幕。

驪姬之亂

驤成九王奪嫡

曲沃代翼之後，晉獻公把都城遷到了絳，現在山西翼城縣東南部。

晉獻公帶給晉國第二次發展高峰，他在位時深知「任人唯親」會危及王權，最大的手筆就是鞏固君權、誅滅公族。晉成為春秋時期各國中唯一沒有公族的諸侯國，以血緣關係為紐帶的公族宗法體制被摧毀。

但晚年後，獻公迷戀年輕美麗的驪姬姐妹，更寵愛她們生的兩個兒子——奚齊和卓子，致使「驪姬之亂」的發生。

獻公一共有九個兒子。太子申生是夫人——齊桓公女兒姜的嫡生子，他和同父異母的兩個兄弟重耳、夷吾是最有出息的三位公子，在朝中都有自己的勢力和武裝力量。

驪姬想讓兒子繼位，就先得除掉這三位。於是她使了調虎離山計，說服獻公把三個公子派駐外地。

晉獻公二十一年（前656），驪姬設計，在太子申生獻給獻公的

祭肉裡下了劇毒，栽贓這是三位公子的合謀。獻公大怒，不分青紅皂白就下令捉拿三人。

消息傳來，重耳和夷吾紛紛到別國避難。大家讓申生趕緊出逃，但申生決定以死來自證清白，他上吊自盡了。

獻公死後，內政大亂，驪姬先後立十一歲的奚齊和九歲的卓子為國君，但都被大臣誅殺，機關算盡的驪姬最終投了湖。

夷吾在秦國的幫助下回國，但因背信棄義又在秦晉戰爭中做了俘虜，割城讓地不算，還把兒子給秦做了人質。他死後，被扣在秦國的兒子丟下妻子，潛回國內即位，引起秦穆公不滿，認為他們父子都一樣是忘恩負義的人，他要為秦國尋找一個靠得住的盟友，於是派使者把在外流亡了八個國家的重耳接來，派三千人馬支持他回晉爭奪君位。

重耳四十三歲流亡，即位時六十二歲，他就是鼎鼎大名的晉文公。

至此，在父親獻公死後，血雨腥風中歷經兄弟侄兒四任國君，晉文公終於登上了歷史舞臺。

文公稱霸

晉楚城濮決戰

晉文公回到晉國，在都城絳（今翼城）即位後，開始了執政之路。

流亡的經歷使他瞭解了各國的現狀和民間疾苦，所以從政之初，他就勵精圖治，發展農業和商業，改革吏治和軍事，迅速地改變了國內多年的動亂狀況。

晉文公即位當年，周王室內亂——周襄王的弟弟因為和王后通姦被發現，索性發動政變把哥哥趕走，自立為王。

周襄王賠了夫人又折兵，派出使者向晉文公求救。

晉文公意識到這是個「挾天子以令諸侯」的良機，迅速發兵日夜兼程勤王平亂，活捉了叛王，護送周襄王入宮復位，快速高效地平息了這場內亂。

周襄王很高興，把現在河南境內的大片土地城市賜給晉文公，以示嘉獎。

晉國的崛起打破了列國間原有的政治生態平衡，和南方強國楚國形成對峙，晉楚爭霸，勢成水火。

西元前六三二年，晉楚兩國正式在城濮決戰，這一仗晉軍以少勝多，是歷史上的著名戰例。它首創的誘敵深入、避實擊虛、集中優勢兵力各個殲滅敵人的作戰原則，被後世軍事家屢用不爽。

以前和楚結盟的國家都見風使舵，轉向了晉。同年五月，晉文公召開諸侯大會，召集齊、魯、宋、蔡、鄭、衛、莒、陳八國，在踐土（今河南原陽）舉行。

本次大會特別邀請了周天子襄王，並為他獻上俘虜、戰車。周襄王在接受了戰利品後，冊封晉文公為「侯伯」，即諸侯之長，這樣，晉文公名正言順地成為霸主。

古代專制制度下，一個國家的興衰和國君的能力密切相關，但晉文公作為政治家的卓越之處，在於深知人才的可貴。他流亡途中伴隨左右的那批異姓官員，成為國家政治的中流砥柱。晉國也開啟了長達一百多年的霸業。

下宮之役

趙氏滅門慘案

　　《趙氏孤兒》是個在中國戲劇舞臺上被演繹了數百年的故事，山西盂縣的藏山因為它而得名。

　　晉國的望族趙家，一夜之間遭遇滅門之災，只留下一個遺腹子。十五年後，這個叫趙武的孩子長大成人，為族人復仇成功。

　　但《趙氏孤兒》其實是後人演繹出來的，原型就是晉國歷史上的「下宮之役」。西元前五八三年，晉國國君景公發兵包圍了趙氏宮室，殺了趙氏宗主趙同和全族老小，晉國最大的權勢家族頃刻間灰飛煙滅。

　　逃脫的只有趙武和他的母親趙孟姬（又稱趙莊姬），她是景公的親姐姐，趙武當時已經八歲。

　　讓人大跌眼鏡的是，這件事居然是由孟姬告發趙同謀反而起。

　　趙氏先祖趙衰為文公復國立下汗馬功勞，他和兒子趙盾先後出任六卿之首，把執晉國朝政幾十年。孟姬的丈夫趙朔是趙盾的兒子，和祖父一樣，能幹而低調，不像他的兩位叔叔趙同、趙括那麼飛揚跋

扈，但可惜趙朔英年早逝，趙氏一族在趙同、趙括的張狂領導下其實早已危機重重，同各種利益集團間鬥爭激烈，出於對王權安全的考慮，景公對他們也早已心生不滿。

壓垮趙氏家族的最後一根稻草是孟姬放上去的。寡居的她和趙朔的叔叔趙嬰齊私通的事被發現了，趙同、趙括認為有辱家風，執意清理門戶，把趙嬰齊趕出了晉國。孟姬本來就對趙朔把宗主的位子傳給趙同、趙括不滿，一氣之下帶著兒子求見弟弟景公，誣陷趙同、趙括謀反，才有了趙氏滅族的慘劇。

景公將趙氏的家產全部交給趙武繼承。十七歲時，趙武正式繼承宗主之位，逐一拜訪六卿，包括曾出兵屠殺過趙氏的仇人。在血與火的淬鍊中長大的趙武，低調內斂，一步一個腳印在政壇打拼，終於在四十三歲那年成為晉國正卿。

和戲劇不同的是，趙武主政的八年間，並未復仇，而是務實變革，諸卿間的鬥爭趨於緩和，國家停止了連年的對楚戰爭，他的後代們也從下宮之難中汲取了教訓，建立了戰國七雄之一的趙國，成為秦國統一全國時最強大的對手。

遷都新田

景公重掌政權

晉國的都城經歷過幾次遷移，絳（今翼城）作為都城的時間達近百年。

這期間，南面的楚國一直沒有放棄爭霸的鬥爭，北方的戎狄也一直虎視眈眈，而且國內公卿坐大，所以當景公繼位的時候，日子不那麼好過。再加上晉國國土面積一再擴大，絳作為都城已經很難擔負起領導全國的重任，遷都被提上了議程。

大臣們都主張遷到鹽池邊去，守著鹽池，國家富裕，百姓日子好過，但執掌國政的大夫韓厥有更好的建議。他說鹽池邊土薄水淺，人住久了容易得風濕和關節炎，還是去新田吧，那裡土地肥沃，水資源豐富，汾河和澮河可以沖走城市的污穢，衛生條件好，人民順從國家政令，不僅利於百姓安居樂業，也是奠定晉國千秋萬代基業的一塊寶地啊。

新田大約在現在的侯馬，自古就是戰略重地，不僅交通四通八達，也是黃河文化的發祥地之一，南邊還有蘊藏著豐富礦藏的中條山，為晉國成為春秋時期最早使用鐵器的國家創造了條件。

景公同意了韓厥的意見，西元前五八五年四月，晉國把都城遷到了新田。

不久後，晉國就成功剿滅了戎狄中最強大的赤狄部落，接著發動下宮之役，景公又對趙氏動了手，誅滅了其全族——其實他姐姐告趙家御狀是四年前的事了，景公硬是等到遷都後才辦。這件事讓景公重新掌握失卻多年的主政大權，在公卿之亂的鬥爭中控制全域，成功緩和國內矛盾，政權得到鞏固，使面臨失霸危機的晉國從低谷中走了出來。

新田作為晉國的最後一個都城，是當時重要的政治經濟文化中心，堪與周朝國都洛邑比肩，其作為國都的歷史延續了二百零九年，直到西元前三七六年三家分晉才退出歷史舞臺。同年，晉國國號被廢，晉靜公被降為庶民，遷往今屯留。

一九五二年，在侯馬考古發現了晉國古都遺址，至今仍在發掘。現在侯馬市晉國古都博物館內靜靜地陳列著四百五十五件文物，重現著當年的新田文化。

晉鑄刑鼎

禮制走向法制

西元前五一三年冬天，晉國趙氏家族的首領趙鞅和荀氏家族的首領荀寅，在全國收集四百八十斤生鐵，聯手鑄造了個鐵鼎，把從未公開過的刑法《范宣子刑書》刻上去，在新田公之於眾。

這部法律廢除了貴族特權，是晉國第一部成文法典，也是中國最早公布的成文法之一，是晉國從禮制走向法制的標誌。

晉國第一次把法律向全社會公開，約束所有社會成員，推動了法律的公開透明，現在看來是社會的一大進步，但國內外卻為之震動，引起了奴隸主貴族和守舊派的極大不安，魯國的孔子很不以為然：晉國要滅亡了呀！貴賤等級不能錯亂，大家都照法律行事，不能下事上，賤事貴，那國家不就大亂了嗎？

孔子強調的是晉國從唐叔虞立國以來，幾百年都遵循著在周禮基礎上建立的政治制度和秩序，他認為治理國家只有強調上層階層的典範作用，老百姓才會等級分明，各行其是，社會安定。如果拋棄了這個傳統的政治體制，人們只要遵守刑鼎上的法就可以，官僚階層不需要以高標準來嚴格要求自己，那造成的社會混亂和動盪就根本不是法

律能制約得了的。

　　現在看來這樣的觀點是很難理解的，但在當時的社會歷史條件下，不論是周天子還是晉公，他們奉行的根本政治制度都是君主繼承制，社會的安定和發展依賴人治，所以，政權在什麼樣的人手裡，他們的素質和政治導向很重要。

　　作為法家思想的發源地，晉國法家反對維護貴族宗法等級制度的禮制，主張法律一旦公布，就應該人人遵守，「事斷於法」，以法律為唯一準繩，堅守「刑無等級」的原則，這為後世的集權國家提供了法制基礎。

侯馬盟書

記錄權力之爭

　　一九六五年，在侯馬市東郊澮河北岸的晉國遺址中，出土了五千餘件玉片、石片，上面多用紅筆寫著結盟發誓的文字，是晉卿趙鞅同家臣約一百五十人舉行盟誓的約信文書，被稱為「侯馬盟書」。

　　經著名考古學家張頷先生研究，其內容有宗盟、委質、納室，還有詛咒和卜筮等幾類，從中能看到晉國內部激烈的爭權鬥爭。

　　春秋中晚期，晉國六卿（智氏、中行氏、范氏、韓氏、趙氏、魏氏）強盛。每一家族都占有廣大的領地，下面設立了很多縣，這些縣，有的是晉國擴張時兼併的小諸侯，有的是以前戎狄的地盤。到西元前六世紀，晉國已經有五十多個縣。

　　當時，六卿之間鬥爭得非常激烈。趙鞅名義上是晉卿，實際上壟斷了晉國國家政權。在六卿搏殺到四卿的過程中，為了團結宗人、共同對敵，趙鞅多次和家臣盟約，用「上大夫受縣，下大夫受郡」的誓令，直接打破了世襲制。

　　當時，縣的地位要比郡高，爵位、封地都是靠世襲得來的，但到

了趙鞅這裡，他下令只要立有軍功，不管你是世卿還是庶民，都可以獲得土地、爵位的封賞，奴隸可以免除奴隸身分，這是一種全新的人才選拔制度，極大地調動了全軍將士的積極性。

正是這場政治鬥爭，拉開了「三家分晉」這一重大事件的序幕。

侯馬盟書是一九四九年以來中國十大考古成果之一，完整而系統的盟辭內容，在中國歷史文獻中是非常罕見的，目前在山西博物院收藏。

三家分晉

智伯水淹晉陽

　　晉陽古城，在現在太原的南部，曾是趙國初都、漢晉干城、東魏霸府、北齊別都、盛唐北京。

　　晉陽古城歷史上遭過兩次水淹，不是天災，都是在政權更迭時戰爭中的圍困之策。

　　第一次被水困是在二千五百年前。

　　趙鞅去世後，庶子毋恤繼承爵位，就是歷史上的趙襄子。襄子比他父親在位時間久，經歷了更為豐富殘酷的權力爭奪戰。他先是攻占了代地（今大同一帶），又和智、韓、魏一起瓜分了范氏、中行氏的土地。晉國國君請來齊國和魯國的救兵討伐他們，結果被打出國門，死在了流亡路上。

　　兼併鬥爭在晉國四卿間展開。智伯仗著自己擁立了新君，驕橫無比，直接開口向其他三卿索要土地，韓氏給了，魏氏也給了，到了趙襄子這兒，被頂回來了。

　　智伯火了，故伎重施，聯合韓氏和魏氏攻打趙氏。襄子一看，一

路向北，跑到了趙家的屬地晉陽。

晉陽軍備充實，襄子把宮牆裡堅固的牆木拿來做箭杆，宮殿中的銅柱化成箭頭，在圍困戰中堅持了兩年多。

最後智伯在城外的晉水挖渠築堤，水淹晉陽。百姓的房子全被泡了，人只好都跑到屋頂上。

這招讓韓氏、魏氏心存驚懼——他們的封邑旁邊都有河道，智伯今天能這樣對趙襄子，明天就能這樣對付他們。正好趙襄子派了門客來策反他們，說如果趙被滅，下一個就是他們。

智伯渠　王新斐／攝影

策反成功。

智伯在睡夢裡聽到戰鼓聲聲，抬眼就看見韓趙魏的兵士駕著小船殺了過來。智伯的人馬死傷無數，他本人也被襄子一路追到榆次後殺掉。

此後，趙、韓、魏三家控制朝政，瓜分了晉國土地，各自獨立為國。西元前四〇三年，周天子冊封三家為諸侯，前三七六年三家廢晉靜公。這就是歷史上的三家分晉，標誌著中國歷史進入戰國時期。

晉國滅亡後，後人為了紀念故國，就以國號做了自己的姓，這些晉氏後代現在分布在山西、山東、四川等地。而至今在太原晉祠公園裡，還存有智伯渠，清水流淌，供後人憑弔。

李悝變法

法家培訓基地

三家分晉後，魏國把都城定在了安邑（今夏縣）。

諸侯爭霸的戰國初年，為了富國強兵，在弱肉強食的叢林法則中活下來，各國相繼開展變法運動。率先變法的就是魏國，領導人是魏相李悝。

在史書上，李悝留下的資料不多，但他的地位卻很重要。他領導的變革不僅增強了魏國的國力，而且作為法家思想的策源地，魏國也為各國輸送變法精英。

李悝變的是什麼法？

首先是政治。他明確廢除了官職爵位世襲制度，實行按勞分配、論功行賞。變任人唯親為任人唯賢，從舊貴族手中剝奪了世代享有的政治和經濟特權，根據功勞和才幹來選拔使用官吏，打破宗法血親牢不可破的階層統治權力，吸引來像吳起、西門豹、樂羊等一大批優秀人才，這些人也成為推行改革的中堅力量。

其次是經濟。正式廢除「井田制」，允許土地私有買賣，鼓勵百

姓墾荒，評估境內土地，採取合理的稅收政策。最大限度地發揮了土地潛力、保護了農民利益、保障了賦稅收入，這對於地少人多、農業立國的國情非常適用。

最重要的是他制定了中國歷史上第一部系統的地主階級法典——《法經》，雖然原文喪失，但主要內容卻在史料中保存下來：以盜、賊、囚、捕、雜、具六法，來保護新興地主的私有財產神聖不可侵犯。

魏國的改革使它迅速擁有政治、經濟和軍事上的優勢，成為韓、趙、魏三晉聯盟中的首領國。

據說，因為有了魏國的成功案例打底，後來吳起去楚國主持變法，很快見了成效；商鞅去秦國，幫助秦孝公變法，隨身帶著的魏國變法寶典被視為強國之術，商鞅變法大獲成功，為秦統一大業打下了堅實基礎。

後來的《秦律》《漢律》都是在《法經》基礎上完善而成的。

胡服騎射

趙國由此雄起

靈丘縣城郊外，有趙武靈王的陵墓。

他是戰國時期趙國的第六代君主，在歷史上以「胡服騎射」的改革聞名。他北驅匈奴、開拓北疆、修築長城，靈丘縣也因為他的墓塚而得名。

二千三百多年前，趙武靈王以事關國家安全大局為名，在貴族們的強烈反對中，下達「胡服令」，全國總動員，力推服飾改革，從而推進軍事改革。

胡服是針對當時的中原服裝而言的。中原傳統服裝是長袍寬袖，而胡服則是短到腰部的襖和收緊褲口的長褲，皮帶長靴，方便行動，利於作戰。

當時從東、西、南三個方向，趙國分別受到實力雄厚的齊秦魏的覬覦，北邊還和林胡、樓煩、東胡、中山等少數民族雜居，時時被侵擾。中原各國打仗慣用戰車，但在山區卻寸步難行，士兵穿著寬袍大袖的衣服也跑不利索，因此改變著裝成為改革的首要任務，目的在於

提高軍隊作戰能力。

趙武靈王要建立一支強悍的騎兵部隊，代替原來的車兵和步兵。他先招募有騎射特長的胡人來當教練，親自訓練出一支精銳騎兵團，又把他們分派下去教學訓練，很快全國上下掀起了穿胡服、練騎兵的風潮。

舉全國之力，大規模的騎兵軍陣訓練順利完成，趙武靈王親自率兵出征，僅用了幾年時間，到西元前三百年左右，中山等國一一被收服，趙國的疆域擴大到恆山至陰山一帶，開闢了廣大的游牧和半游牧地區，把胡騎一路趕到漠北。為防範他們再來侵擾，趙武靈王在今天的山西北部和內蒙古一帶設立了雲中、雁門、代三郡，並修築了綿延巍峨的趙長城。

至今，山西北部沿恆山、蘆芽山北麓到黃河一線仍有趙長城遺址。

「胡服騎射」雖然是一場軍服改革，但影響卻是多方面的，使人們的心理和思維方式發生了明顯變化，打擊了「先王之道不可變」的保守思想，縮短了胡人和華夏族二者之間的心理距離，促進了二者之間的文化交流，為以後的民族大融合和國家大統一奠定了心理基礎。梁啟超認為趙武靈王是黃帝以後的第一偉人。

長平之戰

坑卒四十餘萬

棄甲院、圍城、石門、箭頭、三軍……這些在山西高平丹河一帶的村名，沿用了二千二百多年，全都源自中國古代史上最慘烈的一戰——長平之戰。

西元前二六三年，秦國大軍的鐵蹄，踏上了韓國的土地。

韓王被迫求和，答應割讓上黨郡十七城給秦國，但上黨郡守因拒絕執行割讓旨意被免職；韓王令馮亭接替上任，沒想到馮亭更徹底，直接把韓國這十七座城池獻給了趙王。

趙建國時定都晉陽（今太原南部），後來遷都邯鄲。上黨不僅是趙都的屏障，更是三晉的生命線，一場爭奪戰在所難免。

秦趙兩軍沿沁河、丹河布下陣來，趙國派出老將廉頗，秦國由王齕帶兵。戰場以長平為中心，直徑上百公里，涉及現在的沁水、陽城、晉城、陵川、壺關、長子和長治等地。戰局膠著，對峙了三年。廉頗的幕府就設在今天高平市東南五千米的大糧山上，原有廉頗廟，後被毀，近年來，高平市在原址上又重修了廟宇。

秦軍長途奔襲，糧草供應困難，不再以占領土地，而是以消滅敵國戰鬥力為主要目標，虎狼之師殘暴嗜殺，惡名遠揚。秦王很焦慮，擔心不戰自潰，於是使了反間計，派人在趙國散布謠言，說廉頗怯戰準備投降，秦軍最怕的是名將趙奢的兒子趙括。

趙王平時就欣賞軍事理論高手趙括，決定用趙括取代廉頗奔赴前線。

重病在床的藺相如一聽急了，對趙王說，「會讀書和會打仗是兩回事啊，萬萬不可啊！」

趙括的母親也嚇壞了，說兒子視戰爭如兒戲，只會空談，如果選他作將，將是趙國的災難。如果用他導致兵敗，請求趙王不要降罪連累趙括族人。

但趙王一意孤行。趙括一到前線，立刻廢除廉頗的軍令，把有不同意見的將校全部免職，八位將校苦勸無用，集體拔劍自刎了，現在高平還有個八義村。

趙括不知道對方暗中把主將換成了白起，用針對王齕的戰術全軍出擊，被秦軍一切為二，陷入了包圍圈，被困四十六天，到了暗殺戰友分吃屍體的地步。趙括率五千精銳突圍時被亂箭射死，其四十五萬大軍除二百四十多名老弱殘兵被放回報信外，全部被活埋坑殺，暴虐慘烈堪稱古代戰爭之最。這就是著名的長平之戰。

秦軍此舉一是無法解決龐大的戰俘隊伍，二是向各國示威。

經此一役，趙國嚴重受挫。秦軍投入上百萬兵力，十五歲以上男子全部參軍，也死傷過半，國內半空。

　　直到現在，在高平的古戰場上，還不時發現有箭鏃、枯骨。

兩漢時期

白登之圍

和親政策出臺

　　和親是中國歷史上很特別的一種政治聯姻方式。這事，漢高祖是開先河者。

　　劉邦登上皇位後大行封賞，晉陽城被封給了韓王信。為了抵禦北邊匈奴，韓王信主動提出把王都北遷到馬邑（今朔州）。

　　當時恰逢匈奴最強大時期，匈奴首領冒頓擁有騎兵三四十萬，占領了黃河中上游到貝加爾湖的廣大地域。兩軍多次交戰，但韓王信均以失敗告終，連馬邑都被包圍了，只好求和。疑心重的劉邦寫信去責問他，這下可把韓王信嚇壞了，索性真叛變了，聯合匈奴一起回頭攻打晉陽。

　　漢高祖六年（前201），劉邦御駕親征，一路追擊，匈奴不住撤退。劉邦親率兩三萬騎兵突進，三十萬的步兵大部隊被甩在身後，但等出了平城（今大同），搶占了高地白登山後，他發現自己已被匈奴的四十萬精騎團團包圍。

　　直困了七天七夜，遭遇大雪，劉邦部隊被凍死凍殘了二三成。謀

士陳平想了個辦法，給冒頓的閼氏送了厚禮，還送了幅美女圖，連賄賂帶威脅說：「漢地有的是美女，如果不勸說冒頓退兵，我們會送更多的美女給他。」收了禮的閼氏給冒頓吹枕邊風：「就算你拿到了漢朝地盤也沒用啊，不如多要點東西實惠。」冒頓一琢磨，覺得有道理，就放了劉邦一條生路。

人雖然回來了，但匈奴邊患仍在，劉邦採用了大臣的主意，把宗室的女兒加上豐厚的嫁妝嫁給了冒頓，用和親的辦法來維護國家安全，實現民族關係的暫時緩和。這種民族政策成為後世很多朝代處理民族關係時的樣本，昭君出塞、文成公主進藏都是這一政策催生的故事。

今天從大同往東七里地，有個馬輔山，山上還有塊清代立的碑，上面黑底紅字寫著「白登之戰遺址」。和親之策因白登之圍而起，和親路線也是經由此地北出塞外的。

后土大祭

一曲秋風傳千古

　　傳說軒轅黃帝平定天下，在汾陰（今萬榮）掃地設壇，祭祀華夏始祖——聖母女媧氏。堯、舜之時，夏、商、周三代，都在這裡舉行祭祀活動。漢文帝十六年（前164），派遣官吏在汾陰縣的黃河岸邊修建后土廟。元鼎四年（前113），漢武帝在雍縣（今陝西鳳翔縣南）祭天時，對大臣們說：「今上帝朕親郊，而后土無祀，則禮不答也。」讓大臣們討論祭祀后土事宜。太史令司馬談和祠官寬舒建議在汾陰縣祭祀后土，漢武帝便「立后土祠於汾陰脽上」，率領群臣到汾陰祭祀后土，「親望拜，如上帝禮。」太史令司馬談是《史記》作者司馬遷的父親，他的家鄉夏陽（今陝西韓城）與汾陰僅一水之隔，他建議漢武帝到汾陰祭祀后土，應當說在汾陰祭祀后土的活動，在漢武帝以前就有很久的歷史了。司馬談作為史官，熟悉歷史上的祭祀情況和汾陰縣的風土人情，所以向漢武帝提出了這樣的建議。

　　漢武帝在祭祀完后土之後，泛舟於河汾之間，同群臣歡宴於船上，極目四望，秋風蕭瑟，草木落黃，鴻雁南歸，即景生情，吟唱了一首流傳千古的《秋風辭》：

秋風起兮白雲飛，草木黃落兮雁南歸。

蘭有秀兮菊有芳，懷佳人兮不能忘。

泛樓船兮濟汾河，橫中流兮揚素波。

簫鼓鳴兮發棹歌，歡樂極兮哀情多，少壯幾時兮奈老何！

萬榮秋風樓　李廣潔／攝影

後來，漢武帝又在元封四年（前107）、元封六年（前105）、太初元年（前104）、太初二年（前103）、天漢元年（前100）先後五次到汾陰祭祀后土，並在后土祠建造了一座萬歲宮。漢宣帝在神爵元年（前61）、五鳳三年（前55）兩次到汾陰祭祀后土。漢元帝在初元四年（前45）、永光五年（前39）、建昭二年（前37）三次到汾陰祭祀后土。漢成帝時也曾四次到汾陰祭祀后土。

從漢武帝到漢成帝，一百餘年間，四位皇帝十五次到汾陰祭祀后土，可見當時朝廷對汾陰后土祭祀活動的重視。

匈奴南遷

推動民族融合

在中國歷史上，中原王朝與匈奴交戰史約五百年。趙武靈王曾北破胡人，趙將李牧、秦將蒙恬、漢將衛青和霍去病都曾打得匈奴不敢犯邊。歷代漢家王朝和匈奴的主戰場，就在現在的山西北部地區。

東漢時，北方草原發生了連年蝗災，匈奴內部爭奪王位的矛盾也越發激化，匈奴南部的日逐王比在爭奪中失敗，與漢朝私下溝通，他的選擇得到了其統領的八部大人擁護，也得到了漢朝的允許，西元四八年，日逐王比帶領南部四五萬人臣服漢室，從此匈奴分裂成了南匈奴和北匈奴。

北匈奴往西進入歐洲，對歐洲中世紀歷史產生了巨大影響，相傳匈牙利人就是他們的後裔；南匈奴繼續南下，進入今天的內蒙古、河北、山西等地區。

部分匈奴人在雁北地區，即今大同、朔州一帶定居下來，實現了大規模合法入住。

原先這些地區因為對匈作戰，漢政府曾被迫放棄過的八個行政設

置，現又重新恢復了，原先被政府內遷的百姓也被遷回。東漢政府不斷向這裡派官移民，實現了漢匈兩個民族的雜居。

一四○年，南匈奴發生內亂，殺了漢朝的地方官，政府無力鎮壓，把郡治紛紛南遷，難民們也跟著官兵南逃，原來北部的匈奴人也跟著進來了，南匈奴的主體從此轉入今山西地區，最後集中在汾河流域，至少有十五到二十萬人，并州一帶最為集中。這些人和漢人沒多大差別，也承擔賦稅勞役，被稱為「并州之胡」。

塞外匈奴南下內遷一直持續到三國西晉時，并州已經成為匈奴人的大本營，是匈奴部眾最集中、人數最多的地區，繼春秋時期後，再現民族融合高潮。

西晉北朝時期

永嘉之亂

西晉由此滅亡

三○四年，匈奴貴族劉淵在左國城（今山西離石）起兵，自稱漢王；到了晉懷帝永嘉二年（308），劉淵在平陽（今臨汾）稱帝，建立漢國。

中國北方從此陷入分裂混亂，直到鮮卑拓跋氏建立北魏，在長達一百三十六年的時間裡，北方的少數民族先後建起很多國家，史稱「五胡十六國」。

胡人是當時對少數民族的稱呼，包括匈奴、鮮卑、羯、氐、羌等。晉朝王室腐化嚴重，政治黑暗，這些少數民族久受壓迫，積怨甚深。除了向國家提供勞役及賦稅，很多胡人被迫成為佃客或奴隸，在并州當佃客的匈奴人達數千人，他們甚至被隨意販賣，以備軍費開銷，如建立了後趙的石勒在少年時，就曾被販賣到冀州當奴隸，因此胡漢之間矛盾重重，一觸即發。

永嘉之亂的爆發，可說是胡人反抗的高峰。

劉淵死後，三一一年，他的兒子劉聰攻破洛陽，俘虜了晉懷帝，

戰亂期間殺晉軍和百姓十幾萬人，這就是歷史上的永嘉之亂。

漢人紛紛出逃避戰亂，中原地區十之八九都走了，包括很多世代在這裡生活的望族，比如林、陳、黃、鄭、詹、邱、何、胡八大姓氏，引起了中國歷史上第一次漢族人口大規模南遷。中原士族紛紛南下，就是歷史上說的「永嘉之亂，衣冠南渡」。他們給當時尚未發展的南方帶去了人口、資金、技術和文化，也為晉室南置、在建康（今南京）重新建都奠定了基礎，這就是東晉。

當年大規模南遷的北方人，進入南方地區定居下來，他們中的一部分成為後來的客家人。

法顯西行

記錄佛國經歷

　　《西遊記》的故事在中國家喻戶曉，去西天取經的唐僧原型是唐朝玄奘法師，但從歷史記載看，法顯（今山西襄垣人）比他足足早了二百二十八年，是中國西行求法的第一人。

　　佛教自漢朝從印度傳入中國，到了東晉時期繁榮起來。法顯幾十年在青燈古佛前研讀佛經，發現有很多殘缺失誤，戒律經典尤其缺乏，使廣大教徒無法可循。三九九年，年過花甲的法顯決定西行，到佛教的發源地印度去求法。

　　法顯西行一樣歷經坎坷與磨難。從長安出發，經過兵荒馬亂的河西走廊，沿著絲綢之路西出陽關，越過塔克拉瑪干大沙漠，翻過西域蔥嶺，穿過今天的阿富汗、巴基斯坦等地區，用雙腳走了五年後，終於到達印度。

　　但當時的印度佛經只靠口口相傳，沒有文字記錄，法顯於是學習梵語梵文，逐字逐句地記下經文。

　　七年後，他帶著十一種佛經，乘商船從海上回國，結果被暴風吹

離航線，在海上漂流了一百多天才看到陸地。

法顯在《佛國記》中說當地人稱這是耶婆提國。據後人考證，耶婆提國在今印尼爪哇島或蘇門答臘島。

五個月後，法顯乘坐的船再次起航，終於回到了中國。

年近八旬的法顯投入到了翻譯佛經的工作中，一百多萬字的佛經，幾乎是每譯一卷就流傳一卷，在佛學界和社會上都引起了轟動。佛教對中國文化的劃時代影響，不但是新思想的進入，使魏晉南北朝的清談從談老莊變為談佛，還在六世紀形成了白話文，並在此基礎上形成了平上去入四聲。

一九○八年，法顯逝世一千五百年後，法國人在敦煌石窟的佛教文獻中，發現了法顯的《佛國記》抄本。其實早在十九世紀，《佛國記》的德譯、法譯、英譯本就已經在歐洲出版並產生影響。

《佛國記》不僅對研究古西域和印度提供了重要文獻，其對信風和航船的詳細描述和系統記載也是國內最早的。

西燕建國

慕容定都長子

　　喜歡看金庸小說的人都知道《天龍八部》裡的姑蘇慕容。公子慕容復有著「北喬峰、南慕容」這樣響噹噹的江湖名號，他為了復興燕國大業不擇手段，最後發了瘋。

　　慕容公子心心念念的燕國，歷史上真的有過，而且不止一個，但不在宋遼時期，而是在十六國時代；也不在南方，而是北方大國，其中西燕國還曾在長子定都。

　　燕國是西元三四二年，鮮卑人慕容氏在東北建立的，版圖包括現在的朝鮮半島部分地區、東北大部、中原東部，直到西元三七〇年被前秦滅國，大批的鮮卑人被遷到關中。

　　從此，慕容世家走上了復國之路，之後建立的後燕、西燕、南燕都是慕容家族的復興之國，但也內訌不斷，血腥紛爭無數。

　　三八六年，率領四十萬鮮卑族人出長安返回關東的慕容永，在帶領部眾來到襄陵（今山西臨汾東南）地界時，和前秦苻丕的部隊遭遇。雖然大敗苻丕，但鮮卑一族也損失慘重，而且已經離開長安快一

年了，人馬疲憊不堪，慕容永決定定都長子，自立為西燕皇帝。

西燕國有過幾年的好日子。慕容永休養生息、發展經濟、減輕人民負擔，占據了太行山和黃河之間的大片區域。但好景不長，三九四年，被同是慕容家族建立的後燕滅了。

現在長子縣有個慕容村，原先一直叫「墓穴」村，當地百姓認為慕容永就葬在這裡的丘寺嶺，因為世代都有為其守墓的人，就慢慢形成了村落。傳說，慕容永是五月初八被殺的，當地人就把這個日子作為他的祭日，每年舉辦三天廟會，後來，遺址被毀，廟會就移到了西漢村，至今仍在延續。

慕容家族被演繹成武俠小說中的江南第一世家，有一點金庸沒說錯，慕容家族代代出美男——其中有個慕容沖，史稱五胡十六國時期傾國傾城第一人。

太武滅佛

首次滅佛運動

　　中國歷史上發生過四次大規模的滅佛事件，都是因為宗教威脅到皇權統治，當宗教占用大量人口和土地，財源無法流向國庫時，滅教運動一觸即發。

　　北魏統一了北方地區，與南朝對峙。皇帝拓跋燾南征北戰，讓太子拓跋晃留在首都平城（今大同）監理國家事務。

　　北魏是佛道並存的國家，皇帝登基時，都會採用道教儀式，由道士祝福。太武帝拓跋燾和重臣崔浩都是道教徒，太子晃卻虔誠奉佛。

　　十六國時期的幾個大國，都十分崇尚佛教，後秦更是將其奉為國教。拓跋燾起初並不排斥佛教，也常請教高僧大德。然而佛教發展太迅猛了，讓皇帝在戰爭中越來越感到人力匱乏，四三八年，他曾命五十歲以下的僧侶還俗以充實軍力。

　　四四六年，因陝西發生民變，拓跋燾率兵平亂，駐軍長安，各寺僧侶殷勤接待，卻被士兵發現在佛寺裡暗藏著大量武器，同時發現這裡的寺院多設密室，供和尚和貴族婦女們淫亂。

被激怒的拓跋燾活埋了私藏武器和婦人的和尚，認為寺院和民變有關，意在謀反，於是下令在全國（北中國）範圍內滅佛。毀滅佛寺，誅殺僧尼，焚燒經像，掀起中國歷史上首次大規模滅佛運動。

拓跋晃雖奉父命焚毀了大量寺廟佛塔，卻也暗中保護一些僧侶逃命，收藏了一些經文和佛像。

鮮卑貴族多信奉佛教，在太子的周圍慢慢形成了一股力量，在權力鬥爭中，太子黨紛紛被處死，太子又憂又懼，不久抑鬱而終。拓跋燾日夜思念太子，這讓陷害太子黨的一派非常恐懼，四五二年，他們又下手殺了皇帝。

五七四年，信奉儒教的北周武帝興起了第二次滅佛運動，佛道兩教都被禁止，這之後還有唐武宗、周世宗的滅佛運動，在佛教史上被並稱為「三武一宗」法難。

文成復佛

雲岡石窟始成

滅佛運動讓北魏國內一度談佛色變。文成帝繼位後，顛覆了祖父拓跋燾的做法，展開了聲勢浩大的「復佛」行動。

四五二年，文成帝下詔恢復寺廟，任命高僧師賢為「道人統」，讓他造一個「如帝身」的石佛像。

「道人統」、「沙門統」相當於北魏的國家宗教事務管理局局長，監統全國宗教事務。師賢的工程很快完工，展示的那天，大家都驚呆了，原來這個石像，無論體態還是神情，活生生就是一個文成帝，最讓人驚訝的是它臉上和腳上，有幾顆渾然天成的黑石，和皇帝身上的黑痣如出一轍。

這寓意著皇帝就是現在的佛。讓鮮卑君主和佛同享榮光，無形地化解了拓跋燾大舉滅佛在貴族和百姓間留下的陰影。

師賢之後，曇曜接替「沙門統」一職，接著幹皇家工程。開山鑿石，因岩結構，開鑿了連綿十五千米的武州山靈岩石窟寺，著名的曇曜五窟被考古學家判定為一期工程，即現在世界文化遺產雲岡石窟的

十六至二十窟，五尊大窟大佛分別對應北魏王朝五位帝王。

　　以佛像造型來代表皇帝個人，這在以前從來沒有過，是中國佛教的開創性行為。有記載稱這或是北朝決定王儲的方式，將皇帝候選人做成石像，以占卜的方式來決定皇帝人選。

雲岡石窟　梁銘／攝影

同時，它還有另外一層政治意味：以「五」來實現「佛教儒化」，結合儒家五常、陰陽家五行、佛家五方來說明北魏王朝符合五德終始，意指它是奉天承運，天授王權的。

　　興佛之風很快波及全國，形成中國開鑿石窟的第二次高潮。

　　據不完全統計，山西現存一萬八千多處古建築中，佛寺占了一半，以雲岡石窟為重點的北朝石佛寺是其中最早的建築，也是中國規模最大的古代石窟群之一，主要洞窟有四十五個，有佛像五萬一千餘身。

北魏改革

馮后實施班祿

大同雲岡石窟的第七、八窟與眾不同，裡面是兩佛並坐像。

研究者說這是馮太后的貼身太監王遇督辦的工程，應是馮太后在世時就雕刻完成的，寓意著太后攝政、一國二主。

四七六年，北魏皇權的接力棒傳到了一老一少手裡。說是老，其實只有三十五歲，即歷史上著名的女主馮太后，少的是她十歲的皇孫拓跋宏。

馮太后帶著小皇帝離開都城平城，四處巡訪時，發現各地官吏貪污成風，分田掠地，百姓流離失所，怨聲載道。

北魏王朝統一北方，立國已經半個世紀了，實行的還是游牧部落的統治方法。官員們的收入大都來自戰爭擄掠和皇帝賞賜，更多的是靠貪污或經商謀私利而得。

馮太后意識到，再也不能這樣下去，必須來一場徹底的變革。所以名垂青史的「孝文帝改革」的前期決策和實施者，其實是孝文帝拓跋宏的祖母——馮太后。

四八四年，馮太后下詔，實施班祿制。禁止官員經商，從租調中增收帛三匹、穀二斛九斗，開始給官員發俸祿，如果官吏貪污超過一匹就處死。此舉激發了貴族的不滿，但馮太后決心已下，整頓吏治之心不變，第一年就處死了包括皇親國戚在內的貪官四十多人。

第二年，針對土地兼併嚴重的問題，又下令天下男女按家庭人口來劃授田地，杜絕豪門貴族占田掠地的弊端，讓人人有田種，這就是歷史上有名的均田令。

第三年，頒布了三長制，五家設一鄰長，五鄰設一里長，五里設一黨長，三長負責檢查戶口，推行均田制，收租調，徵兵役。

改革三部曲完成，社會生產正常了，矛盾緩解了，削弱了豪族勢力，增加了國家收入。尤其是均田制，不僅以後的隋唐沿用下來，還影響到了日本和朝鮮。

四九〇年，馮太后去世，葬在永固陵，就在今天出大同往北的西寺兒梁山南麓，由於未經露天風化，至今石刻都還保存完好。

遷都洛陽

孝文計離平城

四九一年正月，永固陵，這裡埋葬著一代女主馮太后。

朔風陣陣，嚴寒逼人，但擋不住一位年輕人前來拜謁。他，就是北魏孝文帝拓跋宏。除了對祖母的追思，更多的是大任獨挑的重負感。

此時的孝文帝對國家做出了重大的戰略調整：都城南遷！

當時的都城平城（今大同），歷經百年建設後，已成為中國北方第一名城，也是國際大都市，來自西域、中亞細亞和高麗、百濟等國的商人、使者絡繹不絕，非常繁華。

但隨著北魏國土不斷向南拓展，長江以北的廣闊地區都在其統治下，邊塞都城已經不能輻射全國，起到政治、經濟、文化中心的作用。拓跋宏的目標鎖定在洛陽，那是農業發達的中原地區，可實現鮮卑族一統華夏的大業。但遷都這麼大的事，必然會受到安於現狀、不願背井離鄉的人們的反對，怎麼辦呢？

太和十七年（493）七月，拓跋宏下令全國進入戰爭狀態。九

月，拓跋宏到永固陵辭行後，親自率領三十萬大軍南征。一路秋雨，道路泥濘，將士們叫苦不迭，硬生生走了四十五天，才從平城走到了洛陽。稍作休整後，拓跋宏又命令繼續南下。文武官員和士兵們實在受不了，跪在拓跋宏的戰馬前，不願再走。

拓跋宏說：「興師動眾地出來這麼久，怎麼能無功而返呢？怎麼向人交代！除非我們找個理由，就說是為了遷都到這裡。」

大家一看，那只好寧遷都不南伐。

遷都的事就這樣被拓跋宏搞定了。四九五年，平城的文武百官和家眷們都搬到了洛陽，為了讓大家適應，拓跋宏允許他們冬天在洛陽，夏天住平城，慢慢過渡。

遷都奠定了孝文帝拓跋宏全面推行漢化的基礎。八百多年前，趙武靈王命令全國穿胡服；八百多年後，孝文帝禁止全國穿胡服，下旨不得說鮮卑語，改鮮卑姓為漢姓，他作表率先改姓了元，並禁止同姓通婚，鼓勵胡漢聯姻。

從此，鮮卑逐漸和漢族融合。

弘揚佛法

曇鸞專修淨土

　　二〇〇六年，一行日本學者來到山西文水，在文峪河北峪口村的高僧崖下，他們認定這裡埋葬了淨土宗的曇鸞大師。

　　北朝時，雖有過太武帝滅佛的悲劇，但整個北朝是中國佛教發展的第一個高峰期，今天的山西地區出現了多位高僧大德，如法顯、慧遠、曇鸞。湯用彤在《漢魏兩晉南北朝佛教史》中說：「北方大弘淨土之業者，實為北魏之曇鸞。其影響頗大，故常推為淨土教之初祖。」

　　曇鸞出身名門望族，雁門人，他從小在五臺山佛光寺出家，學識淵博，是大乘佛學專家。

　　在注解佛經《大集經》時，曇鸞患了「氣疾」，外出求醫走到汾川秦陵舊墟時，他的病不治而愈。曇鸞感歎生命脆弱、時光短暫，決定為眾生求長生之方。

　　曇鸞一直南下到梁朝，並和梁武帝蕭衍講經說法，深入切磋，蕭衍直誇他是肉身菩薩。

在梁朝，茅山名道士陶弘景送他記錄著長生之法的十卷《仙經》。曇鸞返回北魏時，在洛陽偶遇印度僧人菩提流支，獲贈《觀無量壽經》，這使他的認知發生了改變：原來道教的長生之法只能讓人延年益壽，卻擺脫不了生死輪回，只有依從佛法，才能從輪回中徹底解脫。

徹悟的曇鸞把歷經辛苦千里迢迢取得的《仙經》一把火燒了，從此專修佛學淨土宗的理論。

曇鸞的淨土思想，描述了一個相對於俗世的神聖王國，眾生平等而智慧，純淨而真誠，人與人之間，人與自然之間和諧安樂。抵達淨土的修行方法，最重要的就是要常念佛的名字「南無阿彌陀佛」，開創了後世口誦彌陀的先河。

受到北魏皇帝推崇的曇鸞被稱為「神鸞」，皇帝敕令他住在并州大寺。後來，曇鸞搬到今交城的玄中寺宣揚佛法，常常去附近的介山講法念佛，上萬人齊念「阿彌陀佛」，聲音響徹雲霄。

曇鸞創建的淨土文化流傳至今，日本淨土宗也推崇曇鸞為始祖，以玄中寺為祖庭。近年來，玄中寺不斷有日本僧人到訪朝聖，成為中日文化交流的重要基地。

晉陽發兵

北魏末年亂起

　　北魏有個非常殘忍的制度，一旦哪個皇子被立為太子，為防母憑子貴插手政事，要把太子的生母立即處死。第八任皇帝在立元詡為太子的時候，一時心軟，廢除了這個制度，留下了元詡母親胡貴嬪的性命。

　　但好心沒帶來好報。元詡即位時只有六歲，胡太后成為北魏立國一百多年來第一個生母皇太后，國家的政權掌握在她和她的兩位情夫手裡，除了大興佛事外，她的貪暴無度激起多起民變。

　　五二八年，元詡已經長到十九歲時，覺得這樣下去，太后會帶領國家走向滅亡，就密旨鎮守晉陽（今太原）的大將爾朱榮，請他帶兵到洛陽，脅迫太后，除去她的兩位情夫。

　　爾朱榮奉旨率領大軍南下，走到上黨（今長治）時，消息走露，胡太后先下手為強，把親生的皇帝兒子毒死了。

　　爾朱榮不幹了，發難質疑皇帝的死因，拒不承認太后的政權，並擁立元詡的堂叔元子攸當皇帝，日夜兼程向洛陽進攻。胡太后派出部

隊迎戰，沒想到大軍陣前倒戈，洛陽陷落，胡太后被爾朱榮囚進籠子裡，投到黃河淹死了。

此時距離太后毒死兒子，只過了兩個月。

爾朱榮請文武百官到郊外去迎接皇帝元子攸，不料等待這二千多名官員的卻是一場血腥屠殺。爾朱榮指責他們對國家動亂負有責任，命令騎兵馬踏刀砍，悉數處死。國家的政權實際掌握在了爾朱榮手裡。

北魏政府成為空殼，也為社會帶來恐怖氣氛，貴族階層，包括皇帝元子攸自己，每天都活在不安中。

兩年後，元子攸終於用計把爾朱榮騙進皇宮殺掉了。但他一直擔心的事也終於發生了，爾朱榮的妻子北鄉公主逃出城，集結家族武裝，開始攻城。

很快，洛陽城破，元子攸被絞死，距離他歡呼除去爾朱榮僅三個月。

營建晉陽

高氏北齊別都

政權只存在了二十八年的北齊帝國，版圖包括今天的山西、山東、河北、河南全部，還有安徽、江蘇、遼寧、內蒙古的一部分，堪稱一個強大的帝國。

它的奠基者，是一個牧民出身的英雄——半文盲者高歡，他挾天子以令諸侯，做了東魏的宰相，並把大宰相府——霸府建在了晉陽古城，現在的太原。

高歡的兒子高洋廢了皇帝，建立了北齊。都城雖在鄴（今河南安陽），但因為晉陽是創業基地，實際上成了東魏和北齊的政治中心，也被稱為別都。北齊時晉陽的城建搞得風生水起，晉陽宮、大明殿、晉陽十二院，壯麗程度甚至超過了皇宮。還有天龍山石窟、蒙山大佛、天龍寺、童子寺、法華寺等都是當時開建的，為後世留下了珍貴的建築文化遺存。天龍山石窟雕像以小而精被稱為「天龍山式樣」，現多尊佛像被存於哈佛大學博物館內。

同樣令人歎為觀止的，還有北齊皇帝的累累暴行。高洋以殺人為樂，據說他在金鑾殿上設著一口鍋和一把鋸，從早到晚不停地喝酒，

不停地殺人。他做的最後一件事是把元姓皇族全部屠殺，包括嬰兒。

不止皇帝，整個北齊殘暴之風盛行。

高家的瘋狂在北齊的最後一個皇帝高緯身上達到頂峰。他的「壯舉」是殺了軍事天才斛律光，這位「落雕都督」的冤死，讓鄰國北周高興得大赦天下。

蒙山大佛　王新斐／攝影

五七六年，北周進攻北齊，占了平陽。高緯帶兵從晉陽南下馳援。北齊部隊日夜攻城，終於打開了一個缺口，正要衝鋒的時候，高緯卻停止進攻，請寵妃馮小憐來參觀這個歷史性時刻，以至戰機盡失。

　　第二年，北周滅北齊，高氏皇族被誅殺殆盡。

隋唐時期

楊廣北巡

修建長城兩宮

六○七年四月，曾經的晉王、并州總管楊廣第一次北巡。

楊廣喜歡大場面。

世人皆知隋煬帝沿大運河南巡的場面，出巡時皇家的船有幾千艘，縴夫八萬人，但很少有人知道楊廣的北巡，場面毫不遜色——隨駕步兵五十萬，騎兵十萬，連綿五百多千米。

當時為聯結四方，便於統治，修有直道。楊廣曾征丁十幾萬，打通長達幾千里、寬百步的道路。

第一次北巡，楊廣經雁門前往突厥地區。

突厥可汗和妻子義成公主帶著各部酋長前來朝拜楊廣，進獻了幾萬頭牛馬羊駝。

楊廣很高興，命人建造能容幾千人的大帳，搞了一場盛大的宴會。狂歡的同時，楊廣還沒忘國防大事，徵用了百萬民夫，大修長城。一直到八月才返程，回到晉陽時，楊廣下令建造晉陽行宮。

第二年春天，楊廣二次北巡，再次出塞，去視察長城。他下令在管涔山的天池附近，汾河源頭處建造汾陽宮，作為避暑的行宮。

管涔山在北魏孝文帝時就是皇家圍獵場，後世各代沿襲了這個傳統。楊廣這次從恆山下來，也興致勃勃地組織大家圍獵，沒想到一無所獲，反而兒子齊王打了好多麋鹿來進獻，搞得楊廣不悅，鬱悶地結束了本次北巡，之後六七年沒有回來過。

今天的管涔山已經成為國家森林公園，其秀美奇崛的自然風光吸引無數遊客前來遊覽。

雁門之變

煬帝失信於民

六一五年三月，楊廣第三次北巡入晉，在汾陽宮住了五個月，才繼續北上。

剛到雁門，就接到被和親於突厥的義成公主的密信：突厥人要襲擊楊廣。

楊廣屢次北巡，徵用百萬民夫修路修長城，搞得民不聊生，怨聲載道。原先的突厥可汗死後，接替的始畢可汗對隋朝政府分解突厥、削弱他的勢力非常不滿，聽說楊廣又來了，就決定一勞永逸地解決這個問題。

幾十萬騎兵風馳電掣而來，很快，雁門郡四十一個城，被攻下三十九座，只剩下雁門和崞縣（今原平）像汪洋上的孤島，苦苦支撐。萬箭齊發的大場面把楊廣嚇壞了，抱著他最寵愛的小兒子，茫然無助，哭得眼睛都腫了。

眼看著糧草只夠堅持二十天，楊廣聽從建議，通知各地緊急救援，下令守城有功的人，有官的提拔，沒官的封官六品，還給一百段

絹帛。同時向義成公主求救，請她想辦法解圍。

重賞之下，軍民日夜加固城防。同時義成公主造假消息給始畢可汗：北方有情況。始畢可汗一聽急了，眼前這城久攻不下，對方的援軍又源源不斷地趕來，別再後院起了火，於是把占領的城池洗劫一空撤了兵。

但事後，楊廣居然翻臉不認帳，拒絕兌現承諾，又醞釀第四次東征高麗，這讓軍心民心喪失殆盡，各地紛紛起義。

楊廣一看，為鎮壓起義，撫慰當地，使出了他一生最大的昏招——六一六年，他把表哥李淵派到了并州，出任太原留守，親手給隋王朝的滅亡埋下了地雷。

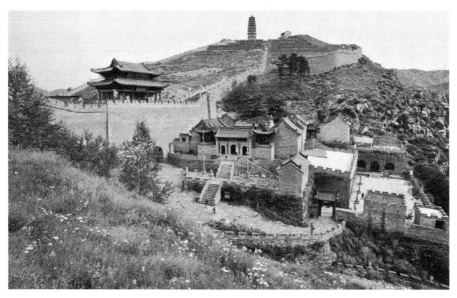

雁門關　梁銘／攝影

晉陽起兵

李淵父子建唐

自從打算起兵造反，太原留守李淵就體會到了被廣泛支持的喜悅。

先是晉陽宮負責人裴寂把宮裡九百萬斛米、五萬段布料、四十萬副鎧甲都資助給李淵，解決了軍需問題。裴寂又擔心他舉棋不定，把李淵灌醉後，送了晉陽行宮兩個宮女去侍寢，讓李淵犯下欺君之罪，逼他起兵。

隨後突厥又分兩次，向李淵提供了二千五百名騎兵、三千匹戰馬，助他起事。這支隊伍對在雁門之變後，一聽說突厥騎兵就嚇到腿軟的隋軍起了很大的心理震懾作用。

六一七年七月，李淵從太原起兵，一路南下，攻城拔寨。

李淵父子治軍嚴明，對百姓秋毫無犯，每占一城都開倉放糧，賑濟饑民，並把楊廣設的行宮園苑全部廢除，釋放宮人宮女，讓他們各回各家。這下得到了民心，各地郡縣紛紛回應，每天來入伍的有上千人，連一些農民起義軍也紛紛歸附。

八月二十一日，李淵大軍到了壺口瀑布，住在河邊的百姓用自家的船隻支援大軍，每天都有幾百條船送部隊過黃河。

而黃河對岸，不少人已經紛紛起兵響應李淵，其中就有李淵的女兒平陽公主。她的丈夫柴紹已在李淵軍中，她自己還散盡家財，招兵買馬，收服了周邊的起義軍。手下的軍隊一口氣發展到了七萬多人，人稱娘子軍。

十月初四，李淵和兒子李建成、李世民三路大軍會師，總兵力達到二十多萬人，圍攻長安（今西安）。二十七日發動總攻，十一月初九，李淵的軍隊占領了長安城。

此時萬事俱備，只欠東風。來年等隋煬帝一死，五月二十日，李淵自立為帝，離他起兵，才過了三百多天。

唐國公李淵以唐為國號，創建了中國歷史上最輝煌的帝國。

鎮守河東

君素忠貞不渝

在中國歷史上，不論民心如何向背，皇帝身邊，總有些忠貞不渝的手下，比如隋煬帝身邊的堯君素。

隋煬帝楊廣做晉王時，堯君素就跟在他身邊服侍。中國人管這種人叫潛邸之臣，一般和皇帝在君臣關係外，還有深厚的私人感情。

楊廣繼位後，堯君素慢慢升遷到鷹揚郎將，即驃騎將軍。六一七年，他跟隨驍衛大將軍屈突通率大軍到河東蒲州（今永濟），抗拒起兵南下的李淵部隊。

蒲州地處要衝，軍事地位類似潼關，深溝高城，城防堅固。李淵到此，繞道而行。

不久，長安告急，屈突通帶兵回救，留下堯君素堅守蒲州。

長安失守後，隋軍的家屬都落在了唐軍手裡，隋軍軍心動搖，鬥志全無，屈突通被迫投降，被李淵任命為兵部尚書。

過了幾天，李淵派新任兵部尚書回到蒲州，勸降堯君素，被堯君

素唾罵了一通。

第二年，唐軍又來攻城，輪番換將，從九月攻到十二月都無功而返。困守孤城的堯君素，做了一隻木鵝，把彙報軍情的奏摺拴在上面，木鵝順著黃河一直送到了洛陽，楊廣的孫子楊侗看了後，也只有一聲歎息，幫不上忙。

李淵看他硬的不吃，又上軟招。先派堯君素的舊同事勸降，送來免死金券，又讓他的妻子在城外苦勸：何苦為了一個已經滅亡的隋朝折磨自己！堯君素概不動心，對著老婆拉弓就射，「女人哪裡能懂天下事！」

但他自己也明白大勢已去，孤臣末路。城中軍民苦熬到彈盡糧絕，人都開始吃人了。六一八年三月，傳來揚州已破，楊廣被殺的消息，蒲州城內隨即發生內訌，堯君素的部下殺了他，投降了唐軍。

二十年後，唐太宗李世民追封堯君素為蒲州刺史，他敬重這位舊時敵人的忠義，「疾風勁草，實表歲寒之心」，讓人四處打探堯君素的後代，好生加以安撫。

收復并汾

重奪龍興之地

　　李淵南下的時候，把并州託付給兒子李元吉，讓他統轄十五郡兵馬。唐朝立國後，又封他為齊王，授并州總管，給并州留了幾萬精兵和能供人吃馬嚼十年的糧草。

　　但這一切仍未能讓李元吉守住大本營。六一九年九月，起兵多年的朔州豪強劉武周不戰而勝得了太原，李元吉領著妻妾一口氣逃回了長安（今西安）。

　　很快，并汾之地盡失。丟了「龍興之地」讓李淵又氣又怕。

　　當年李淵任太原留守，兒子們中只李世民隨父入晉，此時他主動請戰，說并州是王業基礎，國家根本，何況長安的物資供應都要依靠河東，怎麼能放棄！

　　十一月十四日，趁著黃河冰凍，李世民率兵踏冰過河，連續取勝，鼓舞了連打敗仗的唐軍士氣。

　　六二〇年，和李世民在絳州（今新絳）一帶對峙了半年的劉武周軍，因為糧食補給線被斷掉，大軍往北撤退。李世民一路追著打，一

天一夜跑了一百多公里，在霍邑（今霍州）追上殿後部隊，打得對方潰不成軍。

再往前追，趕到韓信嶺的時候，大家都又餓又累，希望紮營休息。李世民說：「窮寇要猛攻，你休息他也休息，讓敵人有了防守抵抗的準備，就更難打了。」他身先士卒，部下也只好跟著再跑，終於在雀鼠谷追上了逃軍，一天打了八仗，大獲全勝，對方傷亡數萬人。

第二天，部隊推進到了介休，又是一場惡仗，對方光是被斬首的就有三千多人。

就這樣，劉軍一路北逃，李世民一路追擊，五月下旬，兵臨晉陽城下，守將出城投降。李唐王朝的發家之地在失陷七個月後，被李世民重新奪回。

比起奪隋朝江山，收復太原的作戰更艱難，大仗硬仗更多。

六四五年十二月，李世民回到晉陽過春節。故地重遊，感慨萬千，他在晉祠寫下「貞觀寶翰」碑刻，李世民的書法境界很高，據說唐朝常將碑文拓片作為禮物饋贈外賓。現在到晉祠還能看到這一二〇三字的《晉祠之銘並序》碑，這也是國內現存最早的行書碑。

米湯退敵

巾幗不讓鬚眉

萬里長城上，有著許多著名的關隘，但只有一處是以人物，而且是女人來命名的，就是黃土高原和華北平原交界處的咽喉之地——娘子關。

在父親李淵奪了天下後，平陽公主被派回并州，駐守大本營。帶領她的娘子軍，開拔到現在平定縣東北四十五千米的葦澤關，因為娘子軍在此設防，俗稱娘子關。直到今天，這裡的街道、民居還保留著唐代遺風，當地人以平陽公主為傲，流傳著許多關於她的傳說，最著名的一個要數米湯退敵兵了。

六二二年，李淵派李建成帶兵討伐劉黑闥，娘子關就是當時的前線。一次，劉部大舉進攻，雖然工事堅固，但關內兵力不足，平陽公主一面派人向并州求援，一面想退兵之法。她在城樓上看到田野上成熟的穀子，計上心來，下令軍民收割新穀，熬製米湯，連夜從城樓上倒到關前的溝渠裡。

天亮了，劉部發現怎麼過了一夜，流出來這麼多「馬尿」，關樓上旌旗招展，喊聲震天，就以為昨夜唐軍援兵趕到，只好不戰而退。

第二年，史書上突如其來記了一筆她的死訊，原因是她的葬禮與眾不同，是以軍禮下葬的，「前後部羽葆、鼓吹、大輅、麾幢、班劍四十人，虎賁甲卒」。禮官不同意，說女人的葬禮怎麼能用鼓吹呢？

唐高祖李淵堅持道：「鼓吹就是軍樂，以前平陽公主總是親臨戰場，身先士卒，擂鼓鳴金，從古到今又何嘗有過這樣的女子？」最終破例以軍禮下葬了平陽公主。

女兒能成為父親的驕傲，在中國古代殊為不易，可謂知女莫如父，平陽公主如果地下有知，一定會很滿意這樣的安排。

娘子關　梁銘／攝影

可惜的是，她去世時才三十歲左右。從時間上看，很有可能就是在對劉黑闥部的作戰中戰死沙場的。

今天的娘子關是明代嘉靖年間修建的，現存東南兩座城門和六百五十米長的城牆，城內還有關帝廟、真武閣等古跡。

平滅突厥

太宗為父雪恥

幾乎每個王朝都有北方邊患，比如秦漢時的匈奴，隋唐時的突厥。這種游牧民族建立的國家居無定所，不時侵擾中原王朝，令人防不勝防。

李淵起兵前，突厥人一度打到了晉陽城下，因為城裡兵少，李淵只能封閉宮城自守，任其搶掠了五天。起兵南下後，為了北方的穩定，李淵不得不向突厥人稱臣，貢獻「子女玉帛」。

在李淵登基後，突厥撕毀和約，先後支持劉武周、劉黑闥奪取并州，為的是漁翁得利。甚至有兩次，突厥騎兵直接撲向長安，逼得李淵都起了往南邊遷都的心，突厥成了不得不面對的問題。

六二七年，李世民繼位的第一年，漠北發生了特大雪災，雪下了幾尺厚，牲畜都凍死了，人們找不到食物。李世民知道出兵突厥的時機終於成熟了。這一年，原本親近突厥的苑君璋降唐，讓開了北進討伐突厥的通道。

李世民命李靖、李勣、薛萬徹、柴紹率四路大軍十餘萬人，北上

出塞擊破突厥，結果大獲全勝，斬殺突厥一萬多人，俘虜了十多萬人，東突厥汗國就此滅亡。

李世民感慨地對大臣們說：「我一想起當年高祖稱臣的事就心痛，現在他們的首領向我下跪磕頭，差不多可以一雪當年之恥了。」

被俘的突厥人和南下歸降的北方部落，被唐太宗仿效漢朝皇帝處置匈奴的做法，分別安置在北部邊境，逐漸為漢民族所同化。

戰後，李世民繼續讓李勣留任并州，長達十六年，期間境內安順。李世民回顧前朝歷史，不由讚歎他：「隋煬帝徵用百萬勞力修長城、抵抗突厥都沒用，我只用了這麼一員幹將，就邊塵不驚，這真是我大唐的長城啊！」

并州舊地

昔時曾名北京

李白寫過很多讚美并州的詩文：「天王三京，北都居一……襟四塞之要衝，控五原之都邑，雄藩巨鎮，非賢莫居。」

唐代晉陽城其實不止一座城，城建的重心在汾河西岸，是一座城套城的連環城，城中又有三座城。

一個是大明城，就是古晉陽城，是最早的城池，春秋的時候趙鞅家臣董安于、尹鐸建造的。因為北齊在此造了大明宮，所以晉陽城又叫大明城。一九六一年，在今天太原西南古城營一帶，考古發現約二十平方千米的晉陽城遺址，近年一直在發掘整理中，二〇一四年五月二十四日曾向公眾開放。

一個是新城，就在大明城的北面。東魏孝靜帝建了晉陽宮，隋文帝改名新城，隋煬帝北巡的時候又擴建了晉陽宮。

還有一座倉城，它的東面和新城連著。

這三座城都在汾河西岸，被稱為內三城。

六三七年的時候，汾河東岸又增修了東城，第二年就把縣衙移到這裡了，第三年，因為汾河東岸多是鹽鹼地，又修了晉渠，引來晉水，供百姓飲用。

并州是李唐王朝龍興之地，唐歷代帝王對此地都非常重視。武則天的老家在并州文水，她在位時立并州為北都，提拔崔神慶當并州長史，告訴他：「并州是我的故鄉，以前長史都是用尚書這一級別的人擔任的，因為這個位子太重要了，所以派你去。」她還親自給崔神慶畫了上任路線圖。

崔神慶到任後，橫跨汾河建造了中城，這座四里長的連城，把東、西城連在了一起，成為晉陽三城，即外三城。

天寶元年（742），唐玄宗把太原府改稱北京，和東京洛陽、西京長安並稱為「三京」。這就是李白所說的「天王三京，北都居一」的意思。

當時的北京，管理太原、晉陽、太谷、祁、文水、榆次、盂、壽陽、樂平、廣陽、清源、交城、陽曲等十三縣，人口近八十萬。是太原歷史上的黃金時代，不僅城市繁華，而且人文薈萃，白居易、王翰、喬琳、狄仁傑都是并州人，並吸引了李白、杜甫等大家的頻頻造訪。

武后省親

禮佛太原西山

二〇一三年十月一日，太原蒙山大佛被披上了一件重約八百斤的金色僧袍，這座中國年代最久的摩崖石刻大佛，仿佛重現唐代盛景。

那是六六〇年，正月還沒過完，武則天就陪著丈夫唐高宗李治回了并州。據說李治得了一種頭暈病，此次回鄉，一為省親，一為療養。

夫妻倆在并州待了近五十天，榮歸故里的武后宴請來自文水老家的親朋好友、街坊鄰居。她下令凡是八十歲以上的女人，全部授郡君的封號，就是戲裡常說的誥命夫人；并州大都督長史以下的官都升一級；赦免省親途經州縣的罪犯。

打完感情牌，當然還有政治牌。在晉陽城西北十五里的地方原來有個起義堂，李治命令在那裡修築講武臺，紀念祖父和父親晉陽起兵事蹟，緬懷先人功績。因為武則天的父親武士彠是當年的功臣，她對追隨起兵的舊人滿懷感情，請李治下令祭祀了晉陽起兵時義軍的死難者。

當然，此行最主要的目的還是陪皇帝散心祈福。夫妻二人遍遊各處景點，一同登上龍山，參觀童子寺，寺前的燃燈塔高一丈六尺，這是國內現存最古老的石燈遺物。據說武則天曾和李治在這裡「賦詩而還」，可惜那些詩都沒留存下來。

太原西北十五里有蒙山，北齊時依山刻了巨佛像，高二百尺。據說李淵做太原留守時，曾到山上的法華寺觀禮，當天夜裡就夢到化佛滿天，光芒數丈，他做皇帝後，將寺名改為開化寺。因為李淵的這段經歷，高宗李治此行也上山禮敬瞻仰，施捨了大量的珍寶，連跟他上山的嬪妃也捐舍了不少。

地方官特意為皇帝夫婦在太原西北蓋了一座飛龍閣，登高遠眺，可以看到太原全貌。

回了洛陽後，李治派人專程送來兩領袈裟，為龍山和蒙山的大佛像披上。據說披了袈裟的大佛放出五色光芒，讓城裡的老少非常震撼，這事被玄惲記在了佛教百科全書《法苑珠林》裡。

皇子掛職

上任潞州別駕

長治市中心有個上黨門，這是古郡署大門。

七○七年，長治上黨門內的潞州衙署迎來一位新官員。

二十二歲的皇子李隆基離開京城長安，到太行山上黨盆地的潞州上任，任潞州別駕，開始了兩年半的任期。

李隆基雖然年輕尊貴，但為人低調，善待下屬，關愛百姓，與當地的士大夫名流階層接觸時也很講禮數。

《論語》裡有句話說「君子之德風，小人之德草，草上之風，必偃」，意思是說執政者的品德就像風一樣，老百姓的道德操守就像草一般，要用執政者的道德力量去感化百姓。這是孔子的道德理論，也成為李隆基的執政理念。

他在隋朝建築的基礎上，在衙署內大興土木，還特意蓋了一座華美的亭子，起名為「德風亭」。直到一九三八年，文學家吳伯蕭還見過此亭，並記錄下來，「法院後邊的德風亭就是那時留下的古蹟。德風亭不知修葺過多少次了，現在還很完好。亭前一株高高的挺拔的翠

柏，亭後一株屈曲蒼勁的垂槐，幾方花壇，幾幢碑記……」

同時，增建了梳妝樓、看花樓。李隆基做了皇帝後，重返這裡時又增修了飛龍宮、聖瑞庵、望雲軒等，盛時亭堂樓宮有二百八十餘間。

據傳，李隆基常在府宅宴請當地的名流，結交豪傑，一旦酒到酣處，就離席連歌帶舞，唱起漢高祖劉邦的《大風歌》，一抒胸中壯志。李隆基把潞州治理得井井有條，再加上風調雨順，連年獲得豐收，民心大順。人們看到他的政治抱負和能力，民間用各種「祥瑞」製造輿論，為他奪取皇位營造氣氛。

上黨門　梁銘／攝影

被中國戲劇界奉為祖師爺的李隆基，還在潞州建了一個歌舞團，德風亭裡時常有戲曲演出。他從歌伎裡選了三位做王妃，後來都帶回了長安。他登基後，除了重用舊臣，還把在潞州時跟隨他的士兵都編入禁衛軍。

受李隆基的影響，「上黨歌舞先梨園」，一直到清末，上黨民間還在上演唐時的隊舞《唐王遊月宮》。

明皇北巡

重遊上黨舊地

「清蹕度河陽，凝旌上太行。火龍明鳥道，鐵騎繞羊腸。」

七二三年寒冬，天還沒亮，大隊人馬就點著火把上路了。這是唐玄宗北巡的隊伍，他要回龍興之地潞州（今長治）過春節。

一路上，玄宗詩興大發，隨行的文武百官不斷唱和，前呼後擁著皇上衣錦還鄉。過太行山時，他寫下了這首《早登太行山中言志》，並發誓要像歷代明君那樣，施行仁政，治理天下。

當他們一路向北，路過長平古戰場時，玄宗在秦將白起坑殺四十萬趙兵的地方，起了悲憫之心，把「殺谷」改成「省冤谷」，並讓人在谷口修了一座骷髏廟，這是中國古代唯一一座為戰爭死難者修建的紀念性建築，保留至今。

正月初九，大隊人馬到了潞州，玄宗住到了他離開十四年的舊宮，並將之改名為「飛龍宮」。又寫詩「人事一朝異，謳歌四海同。如何昔朱邸，今此作離宮。」並讓張說寫《上黨舊宮述聖頌》：「陛下昔居是州也，紫雲在天，神光照室，白鹿來擾，黃龍上升……」羅

列了一系列當年的祥瑞，來證明「龍潛於上黨」。

當地百姓沾了光，五年都不用交稅，除了死刑犯，所有的罪犯都釋放回家了。

回到潞州的玄宗興致勃勃，在飛龍宮宴請父老，並與民同樂，一起觀賞了盛況空前的潞州元宵紅火。正月十五全城出動鬧紅火，長治這一民俗一直流傳到今天。

過了十五，玄宗繼續北上。第二站到了并州，下令設太原府，在太原設置北都，率領群臣參觀晉陽宮；第三站掉頭南下，祭祀后土，祈求來年豐收。

一直到三月初，玄宗才回到長安。

七三二年，玄宗再次北巡，路線和上次一樣。沿途百姓受益，文武百官就地升官一級，同樣留下了大量君臣唱和的詩文。他的北巡，不僅是懷舊和體察民情，也是一次次的文化之旅。

安史之亂

光弼以少勝多

安史之亂打破了唐王朝的安樂，繁華帝國一夜之間烽煙四起、支離破碎。

七五七年，安祿山占領了長安（今西安），命史思明率部十萬，南北夾擊太原，企圖占領太原後，由北道奪取靈武。

當時駐守太原的是李光弼，帶著不到一萬人的團練武裝禦敵。叛軍所到之處摧枯拉朽、勢不可擋，大家都嚇壞了，李光弼沉穩地帶著軍民在城外挖壕，又做了幾十萬磚坯備著。

不久，史思明部隊到了，發起猛攻。李光弼親自指揮守衛，城牆只要被毀，立刻用磚坯補上，這樣膠著地打了好幾天。史思明沒料到太原這麼難攻，於是派了三千兵馬去取攻城工具，結果被李光弼派兵在平定成功阻擊。

叛軍仗著人多，蜂擁攻城；守軍做了許多石炮，一顆打過去，能砸死二十多人。過了一個多月，太原還沒打下來。

太原城中有三個鑄錢工，特別擅長打地道。李光弼知道後，就讓

他們打了一條通向城外的地道，每當叛軍在城下罵陣，地道裡就有人拽住人家的腳活捉下來。搞得攻城部隊走路的時候都小心翼翼看著地面，再不敢靠近城邊。

最讓史思明抓狂的是，李光弼還玩詐降。

因為圍城的時間太長了，雙方損耗都很大，史思明就信了李光弼派來的使者的話，以為城裡是真支援不住了。沒想到李光弼早就派人把他的營寨下面掏空了，還支上木柱。

到了出城投降的日子，城裡出來幾千唐兵，假裝投降，一轉眼城外營塌地陷，摔死踩死一千多人。唐軍乘他們驚慌失措，連殺帶俘了上萬人。

安祿山死後，他兒子安慶緒調史思明回防。叛軍一看，本來就屢戰屢敗，傷亡這麼重，現在史思明又走了，士氣全無，李光弼親自率領敢死隊出城決戰，斬殺七萬多人，繳獲的戰利品堆積如山。五十多天的太原保衛戰以唐軍勝利告終。

太原保衛戰，是中國古代城邑保衛戰中以少勝多、以弱制強的典型戰例，也是安史之亂以來，唐軍取得的第一次大勝利，對局勢產生了重大影響。與此同時，唐軍相繼收復河東、長安，唐帝國翻盤的時機終於到來。

杜牧獻計

平定澤潞之亂

唐末，藩鎮割據現象嚴重，鎮守澤州（今晉城）和潞州（今長治）的節度使劉從諫病逝，他的侄子劉稹祕不發喪，自領軍務，企圖割據一方，對抗朝廷。

皇帝武宗接受了李德裕的意見，用成德、魏博、河中等鎮兵力進攻昭義，討伐劉稹，史稱「會昌伐叛」。

寫過「清明時節雨紛紛，路上行人欲斷魂」、「一騎紅塵妃子笑，無人知是荔枝來」的大詩人杜牧當時任黃州刺史，心憂時局的他給宰相李德裕寫信，為平定澤潞之亂出謀劃策。

杜牧說：「澤潞地區一直對朝廷是忠心耿耿的。劉從諫在任昭義節度使後，把辦公地點從鄆州遷到潞州，跟隨他的始終是鄆州的二千人馬，他和朝廷對抗靠的也是這點資本，其他人不過是盲從而已，如果要平亂，不妨如此這般。」

八四三年，武宗下令免去劉從諫父子的官爵，命五路人馬發兵進攻澤潞，期間採用杜牧的很多建議，果有成效。

八四四年八月，在當地橫徵暴斂、民心盡失的劉稹被部將誘殺，連與他們關係不錯的十二家人都遭了滅族之災，澤潞之亂就此畫上了一個句號。

黃巢兵起

晉王建立奇功

在代縣陽明堡鎮七里鋪村，有一座晉王墓，是山西省級文物保護單位。說起墓主人，在唐朝那是赫赫有名。

八八○年十二月，黃巢軍占領了都城長安，唐流亡政府怎麼調兵遣將都打不過起義軍，決定起用一個人。

這人不是漢人，是沙陀人。

沙陀原來是西突厥的一支。唐末，沙陀首領帶領一萬多族人歸順了唐，定居在定襄川。到朱邪赤心當首領的時候，因為平叛有功，被賜了國姓，兒子也改名叫李克用。

唐政府找的人就是他——李克用，唐皇任命他為雁門節度使。

八八二年，李克用率四萬大軍過雁門，下太原，到達河中府，與起義軍隔河對峙。

對於唐廷和黃巢，李克用都是關係到存亡的重要軍事力量。唐朝加授李克用為東北面行營都統，黃巢也派人賜他重金和詔書。李克用

把錢分給諸將，將詔書燒毀，表示自己忠於唐室的決心。

當時長安郊外部隊雲集，都是各路勢力趕來勤王的，但因為害怕黃巢的戰鬥力，沒有一支敢出戰，都遠遠地圍著。

李克用大軍趕到後，集結了圍城部隊約十五萬人，開始總攻。

他的沙陀軍因為常年披黑色戰袍，被稱為鴉兒軍，將士驍勇善戰，兵團名聲遠揚。黃巢軍還沒開戰呢，就說：鴉兒軍來了，打的時候避開他們啊！

結果梁田陂一戰，黃巢軍被打得潰不成軍，屍體連綿三十里，起義軍被迫撤離，唐軍收復了長安。

當年李克用只有二十八歲，因立下這件奇功，被任命為河東節度使，赴太原上任，成為主政一方的軍政首腦，後又被封為晉王。

長安雖然又回到了唐帝國的懷抱，但國家氣數已盡。

李克用不僅打敗了黃巢軍，他的兒子李存勗還為唐報了仇，把滅唐的後梁國給消滅了，並建立了後唐。

皇子出家

靈空「先師菩薩」

八七九年三月，唐僖宗把四哥李侃派到剛剛軍事嘩變過的晉陽，任他為河東節度使。

為了攻打黃巢軍，晉陽成了各種軍事力量的集散地，各路勢力紛亂登場。李侃到任前，他的前任被都虞侯張鍇、郭咄領著兵變的士兵殺了。他剛上任，就面臨一個麻煩：因為軍餉發放不公，牙將賀公雅帶著部下在晉陽城裡又燒又搶，還把帳目不清的孔目官王敬給抓了起來。

為了安撫騷亂士兵，李侃親自出面做工作，把王敬斬首了。

事後，軍中執法的官員每天晚上都祕密逮捕賀公雅的部下，而且滅人全族。這下再起事端，賀部以為是張鍇、郭咄命人幹的，近百人在晉陽三城中打砸搶，還燒了張鍇、郭咄的家。

李侃順著鬧事士兵們的意思，下令把張鍇、郭咄斬首，把他們的家人驅逐出晉陽城。不想臨到行刑，張、郭被同情他們遭遇的士兵劫了法場，又把他們送回到了軍法處。

李侃再次順應民意，恢復張、郭的官職，把他們的家人緊急召回。命人在晉陽三城搜捕賀部打砸搶分子，並把他們全部斬首。

　　經過半年軍亂，晉陽終於安定下來，但李侃卻無論如何都待不下去了。厭倦之極的他給皇帝求情說生病了要求回京。八月初，朝廷召他返回京師長安，他從晉陽出發了，但卻沒有到達長安。

　　史書中沒有交代李侃的下落，傳說他半道進入靈空山出了家，圓寂後被稱為「先師菩薩」。這是靈空山作為歷史名山的真正開始。一千多年以來，有許多人不知道，所謂的「先師菩薩」可能就是唐懿宗的四皇子李侃，唐帝國的最後一個皇帝昭宗敕令在靈空山建立了聖壽寺。

　　西元八九三年，李侃圓寂，坐化在靈空山，人們習慣上稱聖壽寺為先師菩薩寺。九八九年，宋太宗敕賜了寺額。

五代十國時期

解圍上黨

晉軍夾寨破敵

一九六四年十二月，毛澤東在讀《五代史》〈後唐莊宗傳〉時，想起清代嚴遂成的《三垂岡》，因為對三垂岡夾寨之戰的讚賞，他手書此詩：

英雄立馬起沙陀，奈此朱梁跋扈何。

只手難扶唐社稷，連城猶擁晉山河。

風雲帳下奇兒在，鼓角燈前老淚多。

蕭瑟三垂岡下路，至今人唱百年歌。

詩中所說的這場戰役，發生在九〇七年，是晉王李克用的兒子李存勖穿著孝服打的一場經典戰役。

李克用死後，李存勖繼任晉王。

他們父子的老對手朱溫殺了唐昭宗，稱帝建立後梁，發并兵十萬圍攻上黨。聽到李克用去世的消息，朱溫以為晉軍肯定沒戲了，安心回了開封，留下部將繼續圍攻。

李存勖利用了對手輕敵的心理，對部下分析道：「上黨（今長治）

是河東的屏障，沒有上黨就沒有河東。梁人聽說我父親剛去世，我又這麼年輕，肯定會心生驕怠。如果我們輕裝奇襲，日夜兼程，出其不意，解上黨之圍，建立霸業，肯定就在這一仗。」

李存勖的意見得諸將支持，於是，他親率大軍從太原出發，只用了六天就到了三垂岡下。

夾寨本來是梁軍在此建的小長城，可攻可守。第二天一早，趁著天降大霧，李存勖指揮部隊，如神兵天降，直搗梁之夾寨。梁軍都還在睡夢裡，根本來不及反應，被晉軍殺得死傷逾萬。

朱溫接到戰報，感慨地說：「李克用可以瞑目了！我的這些兒子，和這小子比起來，一個個就像豬狗一樣不堪啊。」

長治雄山　梁銘／攝影

九一一年，李存勗大敗朱溫，並逐步占領今河北、山東一帶。

九二三年，李存勗滅後梁，即帝位，國號唐，史稱後唐莊宗。

後唐成為五代中最強大的一個國家，勢力範圍遍及北方。

自稱兒皇

十六州地被割

石敬瑭是太原人。

這個人愛讀兵法，為人淡定，遇事不慌。

在幫助後唐重臣李嗣源奪帝位這事上，他是首功，所以唐明宗李嗣源把女兒嫁給他，任命他做北京（今太原）留守、河東節度使，以示親信。

石敬瑭很有政治才能，到太原不滿一年，就把這裡治理得政通人和。他雖然是駙馬爺兼高官，但內斂節儉，經常把幕僚聚到一起就民生問題、執政手段聊天，這讓他在朝野內外威望很高。

他的人生在老丈人去世後，發生了巨變。

石敬瑭與唐末帝素來不睦，九三六年，他以調鎮他處試探唐末帝，不想末帝果真將其改任天平節度使。這種調動，往往是一種屠殺陷阱，石敬瑭不接受命令，起兵叛亂。

他知道憑藉自己的力量無法對抗後唐，於是向塞北的契丹求援，

承諾事成後把雁門關以北的幽雲十六州作為報酬，全部送給契丹。

耶律德光喜出望外，御駕親征，帶著五萬精兵，一路南下，越過雁門關，直接到太原，打敗了後唐圍困石敬瑭的部隊，親自封石敬瑭為皇帝，這就是歷史上的後晉。

石敬瑭兌現了割地諾言，還每年給契丹進貢三十萬匹帛。

幽雲十六州包括今天的北京、天津、河北北部、山西大同、朔州、應縣、靈丘、右玉等地的十二萬平方千米土地，割讓時連同土地上的人民，一起奉送。這塊土地上，還有中原人修了一千多年的長城，這為以後遼、金暢通無阻闖入中原埋下了禍根。

九三八年，後晉與契丹結成了「父子國家」，石敬瑭叫耶律德光為「父皇帝」，自稱「兒皇帝」，皇帝的威信降到歷史冰點。

那一年，石敬瑭四十六歲，耶律德光三十六歲。

這樣的屈辱局面在七年後結束。九四五年，石敬瑭的繼位者石重貴拒絕向契丹稱臣，並殺光了國內的契丹人，停止了兩國經貿往來。

九四六年，被激怒的耶律德光大舉南下，親手結束了他一手締造的後晉王朝。

後漢立國

史上最短王朝

九四一年，劉知遠出任北京（今太原）留守、河東節度使。看到人民飽受遼軍「打草穀」（搶掠財產人口）之害，他一心在太原積攢力量。

太原當時是直面遼國的前線地帶，劉知遠以充實邊防的名義，不斷向後晉朝廷要人馬糧草，來擴充實力。甚至遼軍和晉軍作戰，派他出兵，他也耐著性子不動，直到晉軍打敗了，他才跑過去收拾殘局，把散兵游勇都編到自己的部隊裡。

劉知遠雖深得後晉皇帝石敬瑭的信任，但對石敬瑭的親遼政策是非常抵觸的，尤其是割讓幽雲十六州，他堅持認為這會成為中原之患。

經過幾年積攢家底，他的治下已經是後晉最富強的地區，兵力達到五萬人。他的部下也巴望著他能登天子位，他們好跟著加官晉爵。

九四七年，劉知遠在太原稱帝，以開封為東京，以太原為北京，這就是歷史上的後漢。

後漢正式向遼軍宣戰，進軍中原，但不久，劉知遠愛子突然去世，他承受不了打擊，一病不起，不到一年就死了，十八歲的二兒子劉承祐接了班。

九五〇年，毫無經驗的劉承祐在權力鬥爭中被殺，政權實際被權臣郭威掌握，劉知遠的養子劉贇被立為皇帝。

第二年，郭威又殺了傀儡皇帝劉贇，自己稱帝，建立後周。

後漢只存在了短短四年時間，成為中國歷史上時間最短的朝代。

誰掌握了兵權，誰就擁有了稱霸的可能，這讓五代成為野心家層出不窮的時期，各政權往往是第一代建國，第二代亡國，人民飽受戰亂之苦。反而是幽雲地區併入遼國後，保持了和平安寧，民生得以休養，經濟和文化有了明顯發展，現在存留下的遼代建築，以山西最多最大，如應縣木塔、大同華嚴寺和善化寺、朔州崇福寺，都是全國重點文物保護單位。

太原稱帝

劉崇為子報仇

郭威殺掉的後漢傀儡皇帝劉贇，不是別人，正是河東節度使劉崇的親生兒子。

本來看到兒子被立為皇帝，劉崇挺高興。太原少尹李驤曾勸他提防郭威，為此他還大動肝火，殺死了李驤。過了沒多久，他就收到了兒子的死訊，悲痛欲絕的劉崇隨即在太原稱帝，沿用漢的國號，史稱北漢。

建國的第二個月，劉崇就派兵分五路攻打晉州（今臨汾）。打下晉州，就能過黃河直搗後周的都城開封，國仇家恨得報。但北漢拼盡全力也未攻下晉州，後改攻府州，也無功而返。

力不從心的劉崇只好向遼求助，但這是要付出代價的，遼國皇帝開出的條件居然也是要確定父子關係。五十六歲的劉崇不得已，走了曲線救國的路，只好稱比他小二十二歲的遼世宗為叔。

遼世宗命令出師南下，和北漢會師，不料由於連年征戰，民力耗損，將領們紛紛反對。在世宗的強迫下，大家極不情願地出發了，就

在路上發動了兵變，把遼世宗刺死了。

後來還是在遼的幫助下，劉崇和後周在高平會戰，大敗而歸。劉崇元氣盡傷，再也無力出兵滅周，反而被周軍一路攻城掠地，把太原變成了一座孤城。

由於城防堅固，周軍攻太原不下，退兵時把北漢十幾萬臣民裹挾而去，使北漢兵源和糧源幾乎斷絕。再加上年年要給遼國貢獻大量財帛，北漢的經濟雪上加霜，不久，劉崇憂病而死。

後漢劉知遠和北漢劉崇在太原都留下了遺跡，民間也流傳著他們的許多故事，元曲中的《白兔記》，就是根據這些故事演繹而來。

至今太原蒙山頂上還有劉知遠避暑宮遺址，天龍山有「劉氏園陵」，寺廟廢墟中，還有北漢千佛樓的銅佛和石刻碑記。

王朝更迭

龍城名聲鵲起

中國人歷來講究風水之說，相信能藏風聚氣的風水寶地可以幫助人富貴發達。

宋以前太原一直是人們，尤其是政治家、軍事家們眼中最典型的一塊風水寶地──誰擁有了太原，誰就有可能入主中原。

從九二三年李存勗太原發兵滅掉後梁建立後唐起，沙陀人相繼建立了李氏後唐、石氏後晉、劉氏後漢三個政權，九五一年北京（今太原）留守劉崇在這裡稱帝，建立北漢。

這二十八年裡，以太原為中心舞臺，出現了四個政權，還有若干「真龍天子」。這在中國歷史上是非常特殊的一個時期，太原也因此被民間叫成「龍城」，形容龍脈旺盛，是龍興之地。

其實這和天然地勢有關，太原四面都有雄關，還擁有黃河天險，而且地形複雜，易守難攻。

更重要的是經過唐朝大規模的營建，太原外三城、內三城的建築宏偉、城池堅固，再加上隋唐以來作為「天下精兵處」，這裡兵強馬

壯。李克用被後梁朱溫困在城裡，能堅持住並且轉危為安、重振河山，很大程度是拜這城防所賜。

正是因為這些原因，加之唐末形成的藩鎮割據局面，太原成了王朝更迭的大舞臺，建立政權像走馬燈一樣頻繁，讓手中有兵馬的人都蠢蠢欲動。

中國人還信一句話，叫物極必反。

城池牢固，對守城的人來說是好事，對攻城的人來說可不是。當趙光義終於艱難攻下晉陽這座孤城時，等待它的是從地圖上徹底消失的悲劇命運。

宋遼金時期

宋伐北漢

楊業險殺宋皇

在宋太祖趙匡胤統一全國的過程中，一路過關斬將，九六九年他御駕親征攻打北漢都城太原，對趙匡胤來說這一定是一場噩夢。

太原城軍事意義重大，經過不斷修建，規模宏大，僅城門就有二十四座。當時，擔負守城重任的是員猛將，本名叫楊業，北漢皇帝非常器重他，特賜皇姓，改名為劉繼業。

劉繼業指揮有方，宋軍雖圍困太原多日，卻久攻不下。無奈，宋太祖仿效春秋時智伯伐趙的老辦法，決定用水攻。

趙匡胤命人在汾河上修築堤壩攔截水流，待水位足夠高時，宋軍挖開堤壩，洪水頓時傾瀉而下直奔城牆。

城牆底部厚達三十米，泡了一個月後，南側開始有塌陷，大水穿過外城注入內城。宋軍順勢乘船攻城，不料劉繼業勇猛異常，擊退了宋軍，用沙袋和草垛堵住了缺口。

宋軍經過短暫休整後再次發起進攻，趙匡胤親自到城下浮橋邊督戰。城牆上的劉繼業站得高看得真切，果斷下令打開城門，放下吊

橋，親自帶著幾百驍勇騎兵直奔趙匡胤而來。

趙匡胤和身邊的侍衛被劉繼業的突然襲擊搞得目瞪口呆，都忘了躲避，眼看著來勢洶洶的劉繼業殺到跟前，就要刀劈趙匡胤，這時，有個叫党進的宋將反應過來，奮不顧身地擋在了二人中間，趙匡胤醒過神來，趕緊撤退。

不久，北漢請來的救兵遼軍也大舉南下，宋軍以失敗告終。劉繼業的英勇善戰給宋軍留下非常深刻的印象。

九七六年，宋太祖趙匡胤在平定了其他割據勢力後，再次兵分五路，大舉伐漢。宋軍壓境，遼軍又一次南下增援，一場大戰一觸即發。不料，在這個節骨眼上，趙匡胤突然駕崩，宋軍只好班師回朝。

這兩次伐漢，宋軍臨撤兵時，先後掠走北漢近十萬人口，使太原變成了一座苦苦支撐的孤城。

火燒晉陽

古城毀於一旦

十九年裡，趙氏兄弟三下河東，誓要攻下北漢都城。

九七九年，正月，宋太宗趙光義命令大將潘美，率領數十萬步兵和騎兵，進攻晉陽。

四月，趙光義親臨晉陽城下督戰，各路兵馬日夜不停地輪番攻城，北漢守軍傷亡慘重。守城將領劉繼業在城牆上奔走指揮。

眼看城池即將陷落，因擔心宋軍屠城，北漢的一些老臣苦諫皇帝劉繼元，與其玉石俱焚，不如主動投降，還有望保全一城百姓的性命。劉繼元無奈，派使者前往宋營，說願在城北臺上舉行投降儀式。

皇帝在城北投降，而城東南方向，劉繼業仍在苦戰。趙光義欣賞他的勇猛忠義，讓劉繼元下手令給劉繼業。

收到降令的劉繼業淚如泉湧，向漢宮方向拜了三拜，解甲投降。趙光義隨即任命他為宋軍左領軍衛大將軍，恢復本姓楊。從此，楊業的大名在宋軍中傳頌，之後，楊業一家又演繹了一門忠烈的楊家將故事。

至此，北漢滅亡。

北漢政權投降後，城中百姓還堅持抵抗，展開了巷戰，用石塊磚頭來對付宋軍，更加劇了宋軍對晉陽百姓的仇恨，再加上五代時期幾朝皇帝都是從晉陽起家的，於是，趙光義決定毀掉晉陽的「龍脈」。

五月十日，宋太宗趙光義下詔，令城中百姓全部遷走，部隊開始放火焚城，許多來不及出城的老人和孩子都被活活燒死了；第二年四月，宋軍再次引來汾河水淹沒廢墟，方圓四十多里的九都古城被夷為平地。這座存在了一四七六年，充滿傳奇色彩的古城從地球上消失了。

趙光義的這一做法雖然達到了報仇和毀「龍脈」的目的，但也因此使宋朝在之後的三百年間失去了北方屏障。北方騎兵長驅直入中原，少有阻礙，使得北宋在與遼、金兩朝對峙中長期處於下風，最終被金滅掉。

二〇一一年，在對太原市晉源區的晉陽古城遺址發掘中，在地下十五點五米的地質層，發現了灰燼層，據專家推斷，這就是當年趙光義焚毀晉陽古城的證據。因此，這座古晉陽城也被稱作中國的龐貝城。

新建太原

「丁」字街道釘龍脈

九八二年，宋太宗趙光義派潘美在晉陽古城的北面新建太原城——在原來僅有一條街的唐明鎮基礎上修了一座土城。城周五點四千米，有四個城門，南到現在的迎澤大街，西到新建路，北到後小河，東到東後小河城壕，而且只修「丁」字街，沒有十字路。因為趙光義相信，「丁」和「釘」同音，這樣就可以釘破太原的「龍脈」，再不會有人從這裡起兵叛亂，威脅大宋的江山了。

這就是當今太原城的雛形。

太原城建好以後，因為痛恨「太原」、「晉陽」，宋撤銷了太原的府治，以榆次為并州，設立州治，降低了太原的地位。

直到現在，在山西晉劇舞臺上，宋朝皇帝依然被罵，甚至要下跪，這在其他劇種裡很難見到。

仇恨源自家園被毀，親人被擄。金末詩人元好問在《過晉陽故城書事》中有「君不見，系舟山頭龍角禿……至今父老哭向天，死恨河南往來苦……官街十字改丁字，釘破并州渠亦亡」的句子，描述了宋太宗平系舟山、毀晉陽城、移太原民、建唐明鎮的歷史。

宋太宗趙光義於太平興國年間（976-983），在晉祠大興土木，修繕竣工時還刻碑記事。

晉祠始建於北魏前，初名唐叔虞祠，是為紀念晉國開國諸侯唐叔虞而建。趙光義看到太原人仇宋情緒難以化解，嘗試通過這樣的方式來緩和。他把原來供奉的叔虞像移出，新建的聖母殿裡供奉了一尊女像，說是姜太公的女兒、叔虞的母親邑姜，但實際上塑像是按趙光義母親的形象來塑造的。

後來殿內又彩塑了宮娥侍女像，按宮廷規矩排列環繞在主像四周。塑像共四十二尊，大小和真人一樣，不同年齡、不同個性，栩栩如生。郭沫若曾在此留詩：「傾城四十宮娥像，笑語嚶嚶立滿堂。」讓我們在千年之後，仍能真切領略到宋代皇室生活的味道，是晉祠文物中極珍貴的部分。

晉祠聖母殿　梁銘／攝影

雍熙北伐

楊業被俘絕食

一二七九年，代縣城東北二十千米的鹿蹄澗村建起楊忠武祠，當地百姓叫它楊家祠堂，這裡至今還保存著一軸十分珍貴的楊族史卷，內有范仲淹的贊詞。楊家祠堂成為楊氏尋根祭祖的勝地。

潘仁美設計陷害楊家，老令公楊繼業一頭撞死在李陵碑上的悲壯故事婦孺皆知，但歷史的真相是這樣嗎？

雍熙三年（986）春，宋太宗趙光義率軍討伐遼國，希望收復後晉石敬瑭割讓給遼的幽雲十六州，這就是歷史上的「雍熙北伐」。

二十萬大軍分兵四路，西路軍主將叫潘美，就是後世評書、戲劇中的奸臣潘仁美的原型，副將是楊繼業的原型金刀楊業，監軍為王侁。起初，各路大軍捷報頻傳，宋太宗卻擔心戰事順利造成後勤補給線過長，會被遼軍斷了糧道。果然，東路軍孤軍冒進被遼軍大敗，宋太宗下詔令，命潘美率西路軍護送雲州、朔州百姓遷入內地避難，留給遼軍一座空城。

楊業建議潘美側面出擊引開遼兵，就可以安全轉移百姓了。可是

王侁貪功:「你號稱楊無敵,怎麼遇到敵人卻猶豫不決,不會有什麼心思吧?」楊業無奈,只好請戰。

出征前,楊業與潘美約定在陳家谷設伏,等楊業把敵軍誘至谷口,便一網打盡。結果埋伏在谷口的潘美和王侁從凌晨等到中午,沒等到楊業,以為宋軍已勝,為了爭功,撤走部隊。傍晚,楊業退至陳家谷口時,不見一個伏兵。他只能率部死戰,直到手下兵士死傷殆盡,他身受重傷被俘,悲歎道:「我深受皇恩,卻不能沙場建功,有何臉面活下去呢?」遂絕食而亡,時年五十二歲。

潘美屢建戰功,和楊業沒有什麼個人恩怨,只是身為主將,對戰役失利負有不可推卸的責任,被降職三級,最終抑鬱而死;王侁則被流放到金州。

陳家谷口一役後,宋軍再無主動進攻的能力,被迫轉為防禦,宋太宗的北伐宣告失敗。

跨越百王之典禮

宋真宗大祭后土

　　漢代之後，唐代時唐玄宗兩次到汾陰祭祀后土。在開元十一年祭祀后土時，在后土祠掘得兩尊古代寶鼎，便將汾陰縣改為寶鼎縣。《唐大詔令集》〈祀后土賞賜行事官等制〉有這樣的記載：「北巡并都，南轅汾上，覽漢武故事，修后土舊祠。時為仲春，地氣萌動，將先政本，為眾祈穀……寶鼎出地，奠此幣玉，榮光塞河……改汾陰為寶鼎。」

　　北宋大中祥符三年（1010），在河中知府和朝中文武百官的請求下，宋真宗同意在次年春到河東祭祀后土。當年，派兵士五千人修築通往后土祠的道路，責成有關官員制訂祭祀的禮儀程式，並對后土祠進行了大規模的維修和擴建，「行宮祠廟，締構一新。」並在后土祠內新塑了后土聖母像。經過整修擴建的后土祠，莊嚴宏巨，當時號稱「海內祠廟之冠」。宋真宗在大中祥符四年（1011）春天，率文武百官到河東祭祀后土，其禮儀十分隆重，史稱「跨越百王之典禮」。祭祀活動結束後，宋真宗在后土祠旁邊的穆清殿大宴群臣，「賜父老酒食衣帛」。宋真宗還親自寫了一篇《汾陰二聖配饗銘》，追述漢唐祭祀后土之盛況，表達宋代敬奉后土聖母之誠心。直到宋哲宗元祐初

年，一些當年曾目睹這次盛大典禮的少年，這時已是「垂白之老，僅有存者」，對前來維修后土祠的官員「悉談當時之盛禮」。可見這次祭祀后土的活動在民間影響之深遠。在大中祥符四年祭祀后土時，因在黃河岸邊看到「榮光塞河」，即祥瑞之光出於后土祠旁的黃河中，宋真宗便下令改寶鼎縣為榮河縣，以資紀念。榮河縣的名稱一直沿用到一九五四年。宋哲宗元祐二年（1087），因后土祠年久失修，廟貌頹圮，官方又派人對后土祠進行了一次大規模的維修，「東西飾御碑之樓，四角葺城隅之缺。金字榜碑，繪彩煥爛。前殿後寢，革故翻新。」竣工之日，「邦人瞻觀，遠近為之歡欣鼓舞，攜帶老稚來歆享，益加敬焉。」（宋楊照《重修太寧廟記》）由此可知，不但官方對后土祠的祭祀活動十分重視，民間對后土祠祭祀活動的看重，不亞於官方。每年的春天當地百姓都要到后土祠舉行祭祀后土的活動。

宋遼書院

官民合辦教育

山西第一座書院，史書上說是應州人邢抱朴辦的龍首書院。

邢抱朴做過遼國的禮部侍郎、戶部尚書，為報母親教誨之恩，在家鄉應州龍首山興辦書院。至今應縣城西南還有古跡「一經樓」，是少年邢抱朴曾經讀書的地方。

唐末五代當地戰亂不斷，教育幾乎荒廢。從一○四一年起，北宋范仲淹、王安石、蔡京等大力興學，全國州縣都開辦了學校，配備學官，還給學校劃撥了學田，比如州裡的學校給田十頃，充當學生用糧。

學院最初由一些學者選擇僻靜的山林創辦，類似現在的私立大學。宋遼時變成半官半民的教育機構，政府會委派教官，賜給田畝和書籍。

一○六六年，宋代理學大師程顥當澤州晉城令時，在現晉城市北面的古書院村辦了書院。大力提倡村必有校，在全縣設了七十二所鄉校，當地一時文風大盛，詩人黃廉誇讚：「晉城學者如牛毛。」

當時各地也都辦了書院，比如沾城書院、少山書院、皋州書院、壽陽書院、塗川書院、東城書院、源池書院、鳳山書院、昭餘書院等。長治縣西南的雄山上，至今有雄山書院遺跡。自宋代起，在一地多重辦院的首數平定的冠山，相繼有冠山精舍、呂公書院、名賢書院、高嶺書院、槐音書院、崇古冠山書院等名院，現在留存的書院經明清兩代多次重修，內外兩重院落中多是石券窰洞。

　　這些書院最大的特點，在於遍請天下名流，講授專長，強調自由研究學問，學生都是慕名而來，自學為主，熱衷學術交流。這種類似後世大學的辦學方式，為宋代培養出一大批學者，並且從官方到民間養成了重視教育的風氣。

　　到清末，山西書院已經達到一百一十所之多。

雲州建京

遼國降服西夏

雲州（今大同）的軍事地位一直很重要，在被後晉石敬瑭獻給遼國後，遼一直立有「非親王不得主之」的規矩，主政雲州的必須是親王一級的重要人物。

一〇三八年，在今天的寧夏、甘肅一帶，党項族、羌族共同建立了西夏王國。隨著它的迅猛發展，很多原來依附遼國的部落，紛紛歸屬了西夏。

這讓遼國皇帝無法容忍，一〇四四年，遼派兵去攻打這些見風使舵的部落，結果被西夏大敗，連駙馬都被俘虜了。遼國沒辦法只好退兵求和。

遼軍班師回來後的第三天，皇帝就下旨「改雲州為西京」，與上京、南京、東京、中京並稱五京。

設立西京後，遼興宗親自到雲州視察和西夏接壤的地區，加強對周邊部落的控制，更重要的是加強對西夏的防禦能力，歷代遼帝巡視、狩獵雲州十幾次。

包拯作為宋朝外交使者，訪問遼時到過雲州，留心觀察過軍備情況，回到開封後他向宋帝報告：「遼國自改雲州為西京以來，添置了很多營寨，召集了大批軍馬，裝備和糧食都積聚了不少。」

　　這種遼、宋、西夏相互對峙的局面持續了五年。一〇四九年，遼和西夏爆發了一系列戰役。西夏一敗再敗，最後被迫向遼稱臣。

　　雲州作為遼國的戰略進攻前沿和戰略防禦前哨，一直有著極其重要的軍事地位，西京的設立，徹底改變了遼夏對峙局面，一直持續到遼滅亡。

　　有金一代，甚至元朝前期，歷代政權仍然把雲州設為西京。在歷史上，雲州被稱作西京一共有二百四十五年。

華嚴寺　梁銘／攝影

遼金時期的西京，不僅是中國北方的軍事和政治中心，也是文化中心。因為崇尚佛法，遼金兩代在西京地區修建了許多寺廟樓塔，建於一○五六年的應縣木塔，建於一○六二年的華嚴寺等留存至今，都是非常珍貴的歷史建築。

海上之盟

北宋收回六州

一一二二年，金兵攻占了中京（今內蒙古寧城）。

遼帝狼狽南逃到雲州（今大同），一路丟盔棄甲，輜重扔了一百多里，過桑乾河的時候，把傳國玉璽都弄丟了。

早在一一二〇年，宋金兩國就定下聯合出軍方案：金攻取遼的中京大定，宋攻取遼的燕京（今北京），並約定滅遼後，宋把過去每年進貢遼的錢物，全部轉給金國。這被稱為海上之盟。

但當聽說遼知道這次聯合軍事行動後，宋徽宗害怕起來，想單方面毀約。金國一看，算了，我自己來吧，出兵直取中京。

逃到雲州的遼帝一行匆匆地補充了糧草戰馬，又一口氣逃到漠北去了。他前腳跑，金軍後腳到，攻下了雲州。之後，金軍又一鼓作氣攻下了燕京。

宋一看戰況這麼順利，就把收復幽雲地區的事又提到了宋金談判表上。一一二三年，在每年貢銀幣二十萬兩、綢緞二十萬匹、燕京賦稅代金一百萬貫的高昂代價下，金歸還了宋燕京地區六座空城，城中

財物、百姓全都被金軍提前強遷到了金國。

接下來是關於雲州等八州的歸屬談判，兩國一度簽訂了協定，宋以天價軍費換土地，但還沒來得及生效，金太祖阿骨打就去世了。繼位的金太宗看明白了宋的腐朽不堪，在強烈的擴張欲望驅使下，一一二五年，金兵從雲州揮師南下。

第二年，遼帝在應州附近被俘，雲州人親眼目睹了「終見降王走傳車」的一幕，統治了雲州近二百年的遼帝國滅亡，遼天祚帝被驛車押送著送往中京。

不久，雲州人看到同樣的一幕再次上演。北宋滅亡，宋帝徽欽父子和趙氏皇族三千多人，一路備受凌辱，被押送到雲州，後經同一路線送往中京，和遼帝關押在了一起。

史稱「靖康之亂」，北宋亡國之恥辱和金兵殺戮之慘烈使之後的中原王朝恥於議和，民間自發掀起了風起雲湧的抗金鬥爭。

河東抗金

軍民血戰到底

一一二五年底，金軍兵臨太原城下。

作為北方重要屏障，太原關係到宋王朝的安危。周邊宋軍急馳救援，三路援兵同時往太原趕，但全部被金兵打了回去。

此時太原是宋初潘美建的新城，無論從規模上還是兵力上，比以前的古城都要弱得多，守城軍人只有三千。軍事指揮王稟毫不畏懼，一面發動群眾抗戰，一面主動出擊，經常帶一隊輕騎兵出城直取金營，一會兒工夫斬殺一百多人。

太原久攻不下，金將粘罕留了幾萬人繼續圍攻，自己率軍南下直奔開封。

宋欽宗的表現讓他的臣民心涼，他不僅接受金方索取巨額犒軍費的要求，同時割讓太原、河間（今河北河間）、中山（今河北定縣）三個軍事重鎮，並對金稱侄。

割地詔書送到太原後，王稟悲憤地說：「國君應保國愛民，臣民應忠君守義……并州軍民堅不受命，以死固守。」軍民誓死保衛自己

的家園。全城十五歲以上，六十歲以下的男人，全部參軍守城。城裡的房子全部打通牆壁，全城聯通；大家無論貧富，糧食全部奉獻出來，吃大鍋飯。

就連郊區民眾也自發組織起來，太原西山有個叫石翊的人，率領村民抗金。附近地區的軍民也有效地牽制金軍，支援了太原。

就在這種精神的支持下，內無糧草、外無援兵的太原軍民苦守了九個月，士兵和百姓大多不是戰死，而是餓死。士兵們到最後只有靠著牆才能站著，仍戰袍不解、武器在手，戰鬥到最後一口氣。

一一二六年九月，太原城破。王稟帶著剩下的一點兵力和金兵展開肉搏戰，打得全身傷痕累累，直到打完最後一個兵，他拒絕被俘，投汾河自盡。

金兵大肆屠城。太原自宋初以來，再遭洗劫，成為廢墟。

太行義軍

忠義不輸岳飛

在晉東南沁水縣的中村鄉白華村，土沃鄉的南陽村、可封村，張村鄉的板橋村，能看到一些古代堡壘的遺跡，這就是宋金時期遺留下來的太行忠義寨，又叫「岳將軍寨」。

岳飛一生並未到過太行山區，岳家軍抗金主要區域在河南一帶，太行山上怎麼會有這麼多他的戰事遺跡？

一一二六年，隨著北宋的滅亡，今天的山西一帶全部落入金軍之手，但民間抗金起義聲勢浩大，太行山一帶的紅巾軍便是其中代表。因為太行山南端山高林密，幾萬義軍嘯聚於此，雖然武器不精，但大家視死如歸，所以和金軍交手往往勝多敗少。有一次，奇襲金軍成功，差點活捉了金帥粘罕。

一一二七年，宋將王彥帶了七千人北渡黃河抗金，失敗後，轉進太行山區。戰士們臉上都刺了「赤心報國，誓殺金賊」八個字，被稱為八字軍，建立了擁有十多萬人的太行山抗金基地，控制著附近數百里地區，還一度北上進攻太原，救出了無數被俘百姓。

一一三五年，一支百餘人的隊伍渡過黃河，投奔抗金名將岳飛。領頭的人叫梁小哥，他曾建立忠義社，帶著農民抗金。十年後，岳飛北伐，派他和太行義軍會合。當時太行山一帶的抗金義軍，都打著岳飛的旗號，大小山寨，也都以岳家軍命名。今天沁水一帶的古堡壘，見證了當年民間抗金的壯闊景象。

梁小哥的隊伍做了大量的宣傳工作，太行山區的各路義軍，在他們的組織下形成抗金聯軍，集中在岳家軍大旗下，統一指揮、統一行動，百姓們出勞力送軍糧，支持前線。

金初女真族在中原實行奴隸制，大批土地被女真貴族所占，中原地區人口被大量遷移到女真族發祥地，導致民心盡失，從燕京往南，金朝政令形同虛設，金帥兀術徵兵打岳飛，鮮有來投軍的。直到第三任皇帝金熙宗時期，大力推行中原文化，實施各項改革措施，民生才得以恢復。

《趙城金藏》

傳世佛學百科

　　霍山腳下，山西洪洞有個廣勝寺，因為寺有三絕而名揚天下：飛虹塔、元代戲曲壁畫、《趙城金藏》。

　　其中《趙城金藏》因為在佛教文化史上的重要地位和傳奇經歷成為稀世珍寶，廣勝寺也因供奉過它八百年而享譽海內外。

　　二〇一一年《中華大藏經》藏文部分出版，與任繼愈先生主持完成的《中華大藏經》漢文部分終成完璧。大藏經是佛教經典的總集，簡稱為藏經。漢文部分在一九九七年出版，共收經籍一九三九種，一〇六冊，是中國歷史上最完整的一部佛學大百科，它就是以《趙城金藏》為底本的。

　　金皇統元年（1141），潞州女子崔法珍斷臂明志，立志要刻印佛經、弘揚佛法。她在今天的晉南、晉東南一帶募捐籌資，於一一四九年在解州天寧寺開雕佛經。二十四年後，全部經版雕刻完成，崔法珍攜經版進京，進獻皇帝。金世宗傳旨在中都（今北京）聖安寺為崔法珍設壇受戒，並下令印刷佛經四十三部。

這其中就有一部「廣勝寺本」供奉在廣勝寺，約七千卷，六千多萬字，寺內專門做了六個經櫥存放經卷。

　　辛亥革命後，由於戰亂，廣勝寺日漸敗落，經卷四散流失，僅餘四千三百多卷。一九三一年，范成法師偶然發現《趙城金藏》，其中

廣勝寺　梁銘／攝影

有許多元明前久已喪失的經文，引起中外佛學界轟動。

抗日戰爭爆發後，蔣介石、閻錫山曾先後下令將《趙城金藏》運走，但均被寺院主持力空法師和當地士紳拒絕，金藏被磚砌泥封到飛虹塔內。

一九四二年，日本文化考察團到達趙城，駐地日軍通知寺廟要登塔拜佛。擔心他們意在金藏的力空法師協助八路軍，人背馬馱，一夜之間安全轉移了《趙城金藏》。

新中國成立後，《趙城金藏》交由北京國家圖書館珍藏。

元明清時期

蒙古取晉

僧哥朔州抗蒙

一二一八年，金王朝對太原的統治宣告結束，蒙古軍占領了太原，但其軍事進攻早在六年前就開始了。

一二一二年秋天，成吉思汗親自率兵包圍了大同。

金兵迅速馳援，卻被蒙古軍隊全部殲滅在陽高的密谷口。西京大同防守嚴密，成吉思汗被流矢所傷，蒙古軍第一次圍攻以失敗告終。

戰事發展到第二年，金軍不堪一擊，全線潰敗，成吉思汗不費吹灰之力就占領了大同。同時派三路大軍席捲今天的山西、河北、山東一帶，所到之處摧城拔寨、如履平地。

一二一五年，蒙古軍進攻孤城朔州，金王朝命令朔州軍民九萬多人南遷到今臨汾、運城一帶。當時守朔州的是順義節度使吳僧哥，他一再請示朝廷運糧派兵，但金廷決心棄城，令他速速南遷。

吳僧哥帶著部將和軍民苦戰了七天七夜才放棄了朔州。蒙古軍一路追出幾十里，吳僧哥邊退邊戰，直到力竭戰死。

一二一七年，成吉思汗出征西域，把對金作戰的軍權交給了大將木華黎。第二年，木華黎展開軍事進攻，他聽從漢族地主的勸告，一改蒙軍過去的掃蕩政策，下令禁止搶掠，把俘獲的老人和孩子悉數送還家園。

各地的抗蒙活動不斷，著名的有郭文振突襲太原，解救被困兩萬居民；胡天收復平陽等地；侯小叔攻占河中府（今永濟），但都被強大的蒙古軍陸續剿滅，在金王朝的袖手旁觀中逐一失敗。

一二二三年，木華黎病死在聞喜縣西下馬村，此時今山西地區已成為蒙古的領土，金的統治宣告結束。山西現存的金代著名建築有朔州的崇福寺，繁峙的岩山寺，應縣的淨土寺正殿，五臺佛光寺文殊殿，陵川府君廟山門等。

馬可‧波羅

遊歷記錄東方

「契丹全境之中有一種黑石，燃燒如木材⋯⋯這石頭整夜在那裡燃燒，所以到第二天早晨，你們仍舊可以看到火猶未熄。」一二七七年，義大利旅行家馬可‧波羅在他的《馬可‧波羅遊記》中驚奇地寫道，他第一次看到了煤炭。

十三世紀的歐洲還不知道煤炭是什麼東西，它是一種燃料的資訊第一次傳到西方，這是世界文明史上的一件大事。

馬可‧波羅還觀察到，這裡不僅用煤炭來做飯，還大量地用它取暖和洗澡，很多人家都自己蓋著澡堂。

他記載著當地人洗澡的情形。「每人至少每週要洗三次，冬天的時候，每天到澡堂去洗一次。貴族和富人，在自己家裡都有浴室。」人們這麼喜歡洗澡，是因為地處黃土高原，四季風沙大，尤其是北部，以游牧業為主，人們在外奔波，身上很容易有污垢。

煤炭業在當時已經成形，比如僅盂州（今盂縣）一地就開了十三處煤窯，大同成為煤炭主產地，很多百姓靠挖煤和運煤為生。宋代初

年規定，「并州（今太原）賣炭者，每馱抽稅十斤」，採煤業成為國家的固定稅源。宋元時期，冶鐵、鑄錢、燒瓷業發達，都是以炭為能源的。

馬可・波羅從北京出發，由北而南依次遊覽了大同、太原、平陽（今臨汾）等地，並對沿途的物產、經濟、城建、風俗、信仰都有詳細的記載。

還有人考證，正是因為吃了餄餎麵，馬可・波羅把這種麵食傳回國後，才有了後來的義大利麵。據說這種圓滾滾的麵條，就是餄餎澆了番茄、炸醬兩種滷的西式做法。

《馬可・波羅遊記》激起了歐洲人對東方的嚮往，但這一切，在十三世紀的中國鮮有人知。

洪洞地震

趙城山移十里

　　一三〇三年八月初六，大地如海波翻滾，太原、平陽同時發生大地震，「村堡移徙，地裂成渠，人民壓死不可勝計」。當時兩地人口四十多萬，在地震中喪生的占到一半。

　　洪洞縣廣勝寺位於震中，明應王殿是寺中一座殿宇，《重修明應王殿之碑》上說：「本縣尤重，靡有孑遺。」寺周有源於霍山泉水的數條灌溉管道，地震時全部斷陷，地上建築蕩然無存。

　　趙城范宣義郇堡村因為山體滑坡，山上村落跟著山體移動出去十來里。七百年後的今天，這裡的山體滑坡地貌在衛星照片上仍清晰可見。

　　元成宗大德七年（1303）是個地震年，從西南到東北地震不斷，但震級最強烈、受災最嚴重的是今山西地區。

　　太原晉祠西南有座奉聖寺，是唐初為開國功臣尉遲敬德建的，寺中碑文上有「大德癸卯，坤道失寧……上下兩剎多致圮壞」，太原徐溝、祁縣及平遙、介休、孝義等地地裂成渠，泉湧黑沙。

地震發生的當月，元朝政府撥下九萬六千五百餘錠白銀賑災，並下令免除太原、平陽兩地三年的力役和賦稅，同時開放由政府管理的山林，讓百姓伐木重建家園；河流湖泊開禁，讓百姓捕魚度過饑荒。

餘震延續到一三〇六年，伴隨嚴重的水、旱、風、雹等自然災害。一些地區在大震後修復的房舍又被餘震摧毀，政府賑災力量有限，寄望於天，遂把太原改為冀寧，平陽改為晉寧，希望兩地儘快安寧下來，兩個地名一直沿用到明清。

一三〇三年大地震，被後世學者認定為洪洞八級地震，也是中國歷史上第一次有詳細記載的大地震。

明初移民

兩億移民後代

　　元朝末年，以民族矛盾為主的社會矛盾日益尖銳，民怨沸騰，農民起義日益頻繁，終於導致連綿不斷達十餘年的紅巾軍起義。元政府對農民起義予以鎮壓，竭盡殘暴之能事，爭城奪地的殊死之戰時有發生，兩淮、山東、河北、河南之民十亡七八，以至於「春燕歸來無棲處，赤地千里少人煙。」除兵亂之外，水災、旱災、蝗災和瘟疫也連續不斷。據《元史》記載，僅元朝末年的水旱大災，山東十八次，河南十七次，河北十五次，兩淮地區八次。大面積的蝗災也有十八次之多。大災之後，往往伴隨著大疫，災區的百姓雪上加霜，人口大幅減少。元末兵燹之創傷未及醫治，明初燕王朱棣和建文帝爭奪皇位的「靖難之役」又接踵而至，這場長達四年的皇位爭奪戰，再次加劇了河北、河南、山東、江蘇等地的創傷。東西六七百里，南北近三千里，幾為丘墟，形成了許多無人區。為了鞏固政權，恢復生產，明政府採取了以移民墾荒為主的振興農業的措施。面對著滿目荒涼的黃淮平原，從何處移民？明朝統治者的目光投向了山西。

　　因為，當元末中原地區兵亂荒疫不斷之時，素稱「表裡山河」的山西卻是另外一種景象。由於自然地理的因素，中原地區的水旱蝗疫

較少波及山西，戰亂也較少，相對顯得安定，風調雨順，連年豐收。較之於鄰近各省，山西就顯得經濟繁榮、人丁興旺。再者，相鄰諸省也有大量難民逃往山西，致使山西成為人稠地狹的地區。元人鍾迪在《河中府修城記》中說：「當今天下劫火燎空，黃河南北噍類無遺，而河東一方居民叢雜，仰有所事，俯有所育。」據《明實錄》的記載，洪武十四年（1381）河南的人口為一八九萬，河北的人口也是一八九萬多，而山西的人口卻多達四〇三萬。山西一地的人口數量，比河南、河北兩地人口的總和還要多幾十萬。這樣，山西不可避免地成為明初遷民之地。

明初，規模較大的移民有十四五次，每次移民動輒數千戶，多者逾萬戶。當時山西移民的集散中心主要集中在太原、平陽二府和潞州、澤州、遼州、沁州、汾州五州，即今太原、臨汾、運城、晉城、長治等地，而以臨汾附近的洪洞為最，這與洪洞縣人口稠密又地處交通要道不無關係。

根據《明史》、《明實錄》以及大量的家譜、碑文記載，明初從山西洪洞等地遷出的移民，主要分布在河北、河南、山東、北京、安徽、江蘇、湖北等地，少部分遷往陝西、甘肅等地。

明初遷往上述各地的山西移民，在後來又轉遷到福建、廣東、雲南、四川、貴州及東北、西北各省，使山西移民的後代幾乎遍及全國各省區。在中國古代歷史上，如此長時間、大範圍、有組織的大規模移民是罕見的，而將一處之民散移四處者，僅此一例而已。

九邊重鎮

徐達重修大同

　　二〇一四年夏天，大同古城修復工程中的四牌樓竣工。在古城中心，這座完全木結構的精美牌樓由四個牌坊連成一體，重現了明代風采。說起四牌樓，還和明代大將徐達有關。

　　明初，為防止漠北元室後裔和蒙古游牧部落的南下侵擾，朱元璋在長城沿線設置了九個邊防重鎮，派將守禦，大同就是其中之一。

　　一三七二年，出於軍事防禦需要，駐守大同的明朝大將軍徐達重修大同城，奠定了現在大同城的規模基礎。

　　城牆以三合土夯填，青磚包牆，高十四米，最寬的地方有十六米多。牆外深挖護城河，牆上建有城垛五百八十對，代表了當時大同境內的村莊數目；窩鋪九十六座，用來讓守城的士兵休息；六十二座門樓、角樓、望樓壯觀矗立，組成一條龍防禦體系。

　　大同城內，「四大街，八小巷，七十二條綿綿巷」說的是街道格局。四大街的中段各建有一樓，南街鼓樓、西街鐘樓、東街太平樓、北街魁星樓。城的中心，就是我們開頭提到的四牌樓，傳說這是徐達

在大同城牆修完後，為了彰耀他的功德特意修建的。

　　一三九一年，朱元璋再次加強對大同的統治和防衛，派他的第十三個兒子朱桂坐鎮大同，封為代王。大同城的東北角，修建了占地十五萬平方米的代王府，聞名中外的全國最大的九龍壁，就是當年代王府端禮門前的照壁。

　　明朝大同一再擴建，陸續建起三關兩翼，城防嚴密，起到了屏障山西的邊防作用，但在歷代戰火中，屢次被毀。

　　二○○八年，大同開始系統恢復古城面貌，城牆、華嚴寺、善化寺、法華寺、關帝廟、帝君廟、文廟、清真寺、魁星樓、四牌樓陸續完工，到二○一四年秋，還有代王府的復原工程在進行中，明代大同古城歷史性地重現在世人面前。

大同城牆　梁銘／攝影

興「開中法」

晉商由此崛起

　　萬里長城在大同境內有兩處遺址：內長城和外長城，至今還分別有七十六點五千米和三十三千米，護邊城堡十座，沿邊烽火臺三百五十多個，這是建自明代的大同北部重要防禦工程。

　　民間有諺語：漢墓唐塔朱打圈，說的就是漢代重墓葬，唐代多修塔，明政府為了防範蒙古人入侵，從鴨綠江到嘉峪關一帶大築長城，陳兵八九十萬，設立了九座邊防軍事重鎮。大同作為九鎮之一，轄區內長城防禦線長達三二三千米，城堡五八三座。

　　這就形成了一個巨大的軍事消費區，為了解決戍邊將士的軍需和糧餉，一三七〇年，明政府首先在太原、大同兩鎮實行「開中法」，鼓勵商人們運送糧食到邊塞，以換取鹽引——一種取鹽的憑證，給了商人販鹽的權力。

　　鹽在歷朝歷代都是政府控制的專賣品，其收入是政府的重要財源。其實開中制度宋、元就有，明代大規模地運用到邊防，以充實邊境軍糧儲備，沒有鹽引會被視為販賣私鹽，要判死刑。

每年的鹽引量在八萬引左右，這是一個巨大的市場，靠近九邊重鎮的山西商販捷足先登。由於鹽是專賣品，他們憑鹽引到指定鹽場和指定地區販鹽，獲利豐厚，收穫了第一桶金。

　　一三七一年制定的「中鹽例」，一至五石糧食可換取一小引（200斤）鹽引，後來隨米價高低而不斷變化。鹽商們因為經過長途運輸，糧食損耗巨大，曾在各邊鎮直接雇傭勞力墾田產糧，就地換取鹽引。這種屯田形式被稱為商屯，把商人利益和國家利益結合了起來。

　　晉商抓住天時地利，借「開中法」興旺起來。得天獨厚的地理優勢是晉商成功的客觀原因。山西地狹人稠，歷史上就有重商的風氣，很多優秀的人才都湧向了商業領域，他們以艱苦奮鬥、誠信守約的精神把生意越做越大。

　　後來明政府頒布開關互市令，晉商得以與關外各民族開展貿易。到清朝，晉商用牲口馱運等傳統方式把生意做出了國，成了縱橫歐亞大陸五百年的大商幫。

明初封藩

晉王擴建太原

明太原城有現在的平遙古城四個大，但現在能看到的遺跡只有明城北門拱極門，還有分別植於蕭牆路、東緝虎營、新民北街、柳巷北路上的四棵明槐。

朱元璋建國後親自制定了分封制，把他的二十四個兒子封到全國各地去做親王。山西有三個，封在太原的晉王、封在大同的代王和封在潞州的沈王。

晉藩親王傳了十一代，共十五位。親王的兒子封為郡王，先後分封七十多個王號，省內各市都有郡王開府，莊田遍布全省，加上妻妾和未封的子女，到萬曆年間，晉、代、沈三府宗室人口有四萬以上。

一三七六年，皇三子朱棡的晉王府落成，在今天的太原城區精營街一帶。晉王府宮城城門就在今天的西華門街、東華門街、南華門街。王府城牆是現在幾處名為蕭牆的街道，天地壇是晉王祭祀天地的場所，杏花嶺有王府花園。

晉王朱棡還修建了萬壽宮，新擴建了崇善寺。晉王府殿宇宏麗，

為明代眾王府之最。清初毀於大火，直燒了一個多月，後來清政府在上面建了四百間營房，稱精騎營。同時期被燒毀的還有潞州的沈王府、大同的代王府和西安的秦王府。

晉王的子孫們先後興建了郡王府，太原寧化府胡同裡的老字號益源慶醋廠，前身就是明代寧化王府裡的釀醋作坊。

晉王把太原城建成了一流的城池，共開八門，東門宜春、迎暉，俗稱大東門、小東門；西門振武、阜成，俗稱水西門、旱西門；北門鎮遠、拱極，俗稱大北門、小北門；南門迎澤、承恩，即大南門和新南門。

大南門的地名沿用至今，迎澤更是頻頻出現在太原城建史中：迎澤大街、迎澤大橋、迎澤公園、迎澤賓館，甚至還有迎澤啤酒、迎澤肥皂。

第一代晉王朱棡死後葬於太原南郊「皇陵」，就是今天的黃陵，是朱棡及其後裔的皇家陵墓，歷史上多次被盜。一九七二年，黃陵村農民取土時，發現兩枚金錠，後交山西博物院收藏。

土木之變

英宗親征大同

明正統十四年（1449）七月，蒙古族瓦剌部落首領也先率軍南下進攻明朝，主力直逼大同。大同總督宋瑛、總兵官朱冕、參將吳浩皆戰死。

前線兵敗的報告頻頻傳至北京，明英宗在當權太監王振的鼓動下，不顧臣僚勸阻，貿然決定御駕親征。

七月十六，明英宗率領五十萬大軍從北京出發，八月初一到達大同。路上，還能看到十幾天前的戰事留下的漫山遍野的伏屍。

見明朝大軍到來，也先主動北撤。王振一看，打算北進追擊，但當心腹向他密報實際的慘敗戰況後，他改變了主意，決定放棄戰鬥，和皇帝直接返京。

回京路上，王振原想著讓皇帝順路駕臨他的家鄉蔚州，炫耀一下他深沐皇恩的榮耀，走了四十里又突然擔心起來，五十萬大軍肯定會把王家快秋收的大片莊稼踩壞，所以臨時改道，繞了一個大圈子。這下給了也先追兵充足的時間，明軍不斷遭到瓦剌部隊的襲擊，傷亡越來越重。

八月十三，狼狽不堪的明英宗被瓦剌軍堵截在土木堡。八月十五中秋節這天，明軍全線崩潰。混戰中，王振被明將打死，英宗被俘，五六十位隨軍大臣被殺，五十萬大軍覆沒，史稱「土木之變」。

　　一個月後，也先押著英宗到大同城下，索取贖金一萬兩，守城將領不僅如數交付，又把自己的家財也給了他，但也先拒不交出皇帝。大同守城將領夜裡派出敢死隊出城劫駕，但失敗了。

　　這之後，也先屢次以英宗為人質向明政府勒索、逼降，甚至一度打到北京城下，但都沒能得逞，後來見英宗沒什麼利用價值，就放他回了京。

　　明英宗是中國歷史上唯一一位被俘後安全回歸的皇帝，不僅如此，六年後，他又重新奪回帝位。

爭礦風波

官民礦權之爭

山西礦產豐富，陽城的冶鐵工場在明時聞名全國。除了鐵礦，五臺有官辦銅場，曲沃、翼城、聞喜都產銅，垣曲的銅礦發展到今天，成為規模巨大的中條山有色金屬基地。

二○○九年，晉城調查隊在澤州縣山里泉景區發現明代礦洞遺址，當地人稱為銀砂洞，共有大小不等的七個洞。

明朝萬曆年間，山西曾發生過幾次大的爭礦風波。

萬曆十一年（1583），山西商人張守清在五臺開銀礦，雇用礦工三千人，張守清還和潞城、新寧兩家郡王結了親。御史向朝廷參奏張守清擅開銀礦，明神宗下旨停辦，還令兩家郡王和張家斷絕姻親關係。張守清雖一再表示會多給國家交稅，但礦場還是被強制關閉了。

萬曆十五年（1587），河南人尚登聚集二千人，渡過黃河到山西夏縣偷採礦砂。明朝派官兵護礦，結果大敗，連指揮都被抓走了，政府再次調集軍隊驅散了他們，並駐軍八百人，專守黃河渡口和礦山。

第三次爭礦風波發生在地方官員和朝廷特派礦稅使之間。萬曆二

十四年（1596），因為對寧夏和朝鮮用兵，國庫空虛，明政府往全國各地派駐太監任礦使、稅使，監管礦場，搜刮財富。此時山西除了朝廷，郡王、軍隊、私人紛紛開礦，整個經濟仰仗礦利，由此引發社會矛盾並漸漸激化。

礦稅使得橫徵暴斂激起民憤，全國多地民變。被海瑞稱為「天下第一直言」的山西巡撫魏允貞，屢次為民請命，建議朝廷停止開礦，減少苛捐雜稅，卻反被誣陷煽動晉民作亂，被捕下獄，山西幾千官民赴京為他鳴冤，才被免罪。但各地其他因反對礦稅被治罪的官員就沒他幸運，多地因此處於無政府狀態，為明朝的滅亡敲響了喪鐘。

魏允貞灰心仕途，請辭二十多次，在他返回河南老家那天，山西官民灑淚送別，後來，山西多處修建了魏公祠來紀念他。

闖王入晉

寧武遭遇頑抗

　　明代九邊重鎮之山西鎮駐守在寧武關，守偏頭、寧武、雁門三關所聯結的內長城一線，是橫亙晉北五百里的巨大屏障。寧武關故址在今天忻州市寧武縣城。漢魏時就是重要戰場，被稱為樓煩城，漢將周勃曾破韓王信於此。明末天下義軍蜂起，寧武關成為阻止李自成農民軍北上最堅固的防衛工事。

　　崇禎十七年（1644）正月初八，闖王李自成率軍百萬，渡過黃河風陵渡口，進入山西。沿途各地守軍望風而降，到二月初五，農民軍到了太原城下。沿路百姓送糧送馬，杏花村民捧出了汾酒、竹葉青招待農民軍。二月初七，太原守軍臨陣倒戈，大南門守將投誠。

　　李自成在太原休整後，北上直取寧武，途中發表了著名的《永昌元年詔書》，號召人民參加到戰鬥中來，推翻明政府，但李自成沒想到，就在寧武關，他遭遇了進軍北京以來的最強烈抵抗。

　　鎮守寧武關的是山西總兵周遇吉，手中只有五千人馬，在城門上發火炮轟擊，起義軍傷亡慘重。

李自成軍後來用繳獲的火炮，回攻關城，幾次轟開缺口，都被周遇吉及時堵住。周遇吉還設計誘敵入城，關閉閘關殺敵數千。

二月二十二，李自成以傷亡數萬人為代價，攻下了寧武關。周遇吉至死不降，被李自成吊在城頭，亂箭射死。

之後，大同獻降，陽高無守。三月十七，李自成大軍以破竹之勢直達北京，三月十九，崇禎皇帝自縊於北京景山。

明朝滅亡。

至今寧武城外尚存周遇吉墓。周遇吉死後被草葬在恢河之濱，到清順治年間重修墓地，後因防汛需要遷至今寧武火車站外高地，二十世紀三〇年代修同蒲鐵路時，又遷於城北華蓋山山麓。墓前立有四通碑，三為清朝所立，一為新中國成立後所立。清碑上文字已斑駁不清，「忠」、「義」字眼依稀可見。

康熙西巡

傳說為尋父來

山西五臺山清涼寺，收著一首歸山詞：「⋯⋯我本西方一衲子，緣何落在帝皇家。十八年來不自由，南征北戰幾時休。朕今撒手歸西去，管他萬代與千秋。」

這首詞傳說是順治皇帝所做，至今清涼寺的僧人還堅信：順治帝就是在這裡剃度的。五臺山的鎮海寺裡，仍流傳著掃地僧與康熙帝相見不相認的故事。

康熙曾八次西巡山西，第一次來就直奔五臺山。

民間紛傳，清朝入關後的第一個皇帝順治，並非如官方發布的那樣因病暴亡，而是因為董鄂妃之死，斷絕紅塵，到五臺山出家當了和尚。

一六八三年，他的兒子康熙皇帝奉祖母孝莊皇太后的旨意，來五臺山尋找父親。他走遍了五臺山五座主峰的每一座寺剎，並告誡山西巡撫莫爾賽，「五臺、繁峙、靜樂、原平一帶，土地貧瘠、人民貧苦，官員們一定要廉潔節儉，以裕民生。」當年九月，康熙再次奉了

皇太后的旨意巡幸五臺，而且還帶了二哥福全和五弟常寧，同樣走遍五頂的每一處寺院，各處拜佛、揚幡，並拿出從宮中帶來的白銀、棉花，發給沿途州縣的貧民。

這之後，直到一七一○年的二十七年裡，康熙八巡山西，從北往南都有視察，而且常不按官方安排，喜歡住在鄉民家裡，瞭解風土民

五臺山　武濤／攝影

情，探知民生維艱，直接指導地方工作，屢次減免山西賦稅，並嚴令沿途不得接受貢獻，免得擾民。一七○三年十一月，在視察完運城鹽池，從風陵渡過黃河時，康熙下令不得阻攔百姓過河，不需要回避，大家各行其便。

康熙八巡山西，是否找到傳說中出家的父親不得而知，但確實對山西有了基本瞭解，針對自然條件差，官民對立嚴重的情況，他要求地方政府簡政愛民，推行溫和政治。在他的榜樣作用下，山西地方官也不斷深入基層，出現一批清明愛民的官員，各地紛紛建起養濟院，政府撫養孤寡病殘，流浪乞食者也大為減少。

清末奇案

道光親自過問

山西靈石夏門村有處保存完好的明清梁氏古堡群落，是清末鐵面御史梁中靖的故居，他上疏為趙二姑鳴冤，至今仍被家鄉人津津樂道。

一八二四年，十三歲的榆次少女趙二姑被村裡開雜貨鋪的閻思虎強姦，趙二姑和父母、叔叔一起將閻思虎告到縣衙。不料這起簡單的案件，最後演變成轟動全國的大案。

知縣呂錫齡收了閻家賄賂，判定此案為通姦。二審時為證清白，悲憤的趙二姑當庭刺喉自盡。呂錫齡一看出了人命，誣陷二姑的叔叔趙添中當堂殺人，還串通在場縣吏都做了偽證。

趙二姑的父親趙添和到太原府衙上訴，太原知府沈琮在複審後仍以通姦定案。趙二姑的母親曹氏聽到這樣的裁決，一頭撞在了府堂臺階上。趙添和背著重傷的妻子又告到山西巡撫衙門，結果仍是維持原判。

案子傳得遠近皆知，趙添和夫婦回到榆次後，前後有上萬人到他

家裡去，群情鼎沸，人們都支持他們上京告御狀。瞭解案情的山西太谷人刑部員外郎賈大夏，通過御史梁中靖把訴狀直呈給了道光皇帝。

案件終於出現轉機，道光皇帝下旨，令山西巡撫邱樹棠提審此案，但讓所有人沒想到的是，辦案官員聯手作弊，會審結果依然是維持原判。

在賈大夏和梁中靖的努力下，道光皇帝再次下旨，將審訊案卷和證人全部提調到京，由刑部尚書親自審理，這樁被全國關注的案子才終於大白天下，沉冤得雪。皇帝大怒，閻思虎被判斬首，涉案的六名官員被革職並發往新疆服役，做偽證的八名縣吏獲罪，山西巡撫邱樹棠被降職。

清末有四大奇案，案情曲折反復，但從反映清末政治生態來講，「趙二姑命案」更為典型，它反映了當時的司法黑暗和官員普遍腐敗已經積重難返，對涉案官員的處罰並未起到懲戒官員的效應，五十年後，浙江出現了堪稱此案升級版的楊乃武與小白菜案。

山西票號

晉商匯通天下

平遙古城，大清金融一條街上，坐落著中國第一家票號的總部——「日升昌」，這是中國銀行的鼻祖。

第一個嘗試票號生意的人叫雷履泰，一八二三年，時任北京最大顏料莊經理的他，向東家李大成建議關掉鋪子，改營票號。

山西商人的銀兩往來靠各地鏢局運送，開銷大、風險大，費時誤事。常有山西老鄉托雷履泰從京城往老家捎銀兩，他們把銀子交給北京分號，然後寫信通知家人在平遙總號提取，雷履泰從中看到了金融匯兌商機，組建日升昌票號，並發明出一套密碼，用漢字代碼表示銀兩數目和日期。在票號的百年經營中，從未發生冒領事件，可見其科學嚴密。可惜的是，每次匯票在兌付後都要燒毀，所以沒有一張使用過的能留下來。

日升昌後，平遙「蔚」字票號出現，由綢布莊成功改組為票號。晚清時期平遙共有二十二家票號。山西票號開到全國，遠至歐美、東南亞，約四百家，形成巨大的金融網路，從解決民間攜帶銀兩的難題轉向掌握政府的經濟命脈，發揮了中央銀行的作用。

票號存在約百年，十九世紀六○年代以後，票號充當了政府捐納軍餉的辦事機構，戶部的稅收也通過它來解繳，並經常為中央和地方政府借墊公款。十九世紀末，山西票號為各省匯款和墊付匯款達到二千五百萬兩白銀，成為公款和貴族顯宦家私的存放之地。

「山西票莊執中國金融界之牛耳，達百餘年。」晉商大族均開設票號，祁縣喬家有大德通，渠家有三晉源，榆次常家有獨慎玉，太谷曹家有志成信、景生潤等。清末，這些票號開始衰敗，被現代銀行逐步取代，票號的衰落標誌著晉商輝煌的結束。

平遙街景　李廣潔／攝影

禁煙興業

山西試水洋務

位於太原市府東街的山西省政府是省級文物保護單位，初建於北宋，是名將潘美的帥府，明清時是山西巡撫衙門。張之洞任山西巡撫時，在太原除了興建文廟、令德堂書院，還建了省政府內的煤山。

煤山，原是明代巡撫衙門堆煤的地方。光緒八年（1882），張之洞出任山西巡撫。他認為前任巡撫葆亨被革職，表面上是說因為給兒子大操大辦了婚事，實際原因是衙門沒「靠山」。為了形成北高南低的風水，張之洞派人造起一座高九丈的假山，下面還有會議室，張之洞親筆題名「邃密深沉之館」。一九一八年，山西督軍閻錫山將假山加大加高，改名進山。新中國成立後，山西省政府借用諧音改成「梅山」，並把假山前閻錫山建的「自省堂」改成梅山會議廳。

張之洞剛到山西時，面臨的是「丁戊奇荒」（1876-1878）後的景象，全省近百分之八十的州縣受災，約三分之一的人口死亡。面對現狀，張之洞從大罵洋務派李鴻章的清流派逐漸轉變成務實做事的洋務派。

一八八二年九月，張之洞設清源局，清理山西庫款，續修《晉政

輯要》，清理了累積三十多年的八百多件糾紛案件。

當時，山西普遍種植鴉片，煙毒氾濫，幾乎無縣不種。張之洞在奏摺中說「數十年晉省危矣！」一八八三年四月，他下令全省禁煙，並仿照直隸總督李鴻章，開設戒煙局。

張之洞艱難啟動山西的近代化，在省城東門內設立洋務局，成立山西機器局，成立桑棉局，籌辦山西練軍，武裝以洋槍洋炮。

他推動舊式教育向現代教育制度的轉變。村村興辦義學；購買西方譯著；在太原起鳳街上修繕貢院，主持鄉試；在今天省實驗中學校址設立令德堂書院，這是山西大學堂的前身，「戊戌六君子」之一的楊深秀曾在此主講《尚書》；集資在崇善寺廢墟上重建文廟，後來成為山西省民俗博物館。

兩年半後，張之洞被調任兩廣總督，在山西試水洋務的成功，讓他成為推動洋務運動的先驅人物。毛澤東曾說「提起中國民族工業、重工業，不能忘記張之洞」。張之洞與曾國藩、李鴻章、左宗棠被後世稱為晚清四大名臣。

西人興學

賠款用於辦學

一九〇二年，在太原侯家巷，山西大學堂成立。這是近代中國繼京師大學堂、北洋大學堂之後的第三所大學，但這所大學的籌建卻是由一位英國傳教士提議的，他叫李提摩太。

太原、榆次、壽陽三地交匯處有座烏金山國家森林公園，山上有座歐式墓葬，墓主人是協助英國人李提摩太籌辦過山西大學堂的蘇格蘭人敦崇禮（Moir Dunkan）。山上還有座避暑山莊，是民國政府財政部長孔祥熙建的。

一九〇一年春，山西巡撫岑春煊特別邀請了熟悉山西，在清政府中人脈深厚的英國傳教士李提摩太協商處理「山西教案」。在善後談判代表的諸多助手中，有一個二十一歲的太谷教徒，就是後來民國政府的財政部長孔祥熙。

多年在山西、山東、陝西傳教的李提摩太，擅長和高級官員打交道，與李鴻章、左宗棠、張之洞來往頗多，曾擔任天津《時報》的主筆，並提出教民之策：立報館、譯西書、建書院、增科目。

李提摩太草擬的《辦理山西教案章程》中，首次提出由山西自籌賠款五十萬辦學，每年繳五萬兩，十年為期。《章程》至今被收藏在故宮博物院。李鴻章贊同「專門開導晉省人民知識，設立學堂，教育有用之學，使官紳庶子學習，不再受惑。」敦崇禮等八人為教會代表，與山西政府多次協商後，於一九〇二年初，開辦山西大學堂，令德堂書院和晉陽書院的師生一併移入學堂。第二年開辦中西大學堂，也合併入山西大學堂。

山西大學堂當時在全國非常有名，開辦早期，招生四百名，中西學齋各半。一九〇四年，山西開辦留學教育，先後選送多批學生往英國、日本留學，回國以後，他們對山西革命產生了極大的影響。

一九一一年，十年期滿，李提摩太移交西學專齋。辛亥革命以後，山西大學堂改為山西大學校。一九三一年，又改為山西大學。一九五二年，山西大學的法律、經濟、會計等學科併入北京大學和中國人民大學，醫學、工學、農學獨立成立學院。

此後，山西各地紛紛創建新式學堂，主要教師都是山西大學堂的畢業生。

保礦運動

集資贖回礦權

山西以煤資源豐富聞名於世。在國力貧弱的年代，反而會成為令列強垂涎三尺的一塊大肥肉。

清光緒二十三年（1897），清政府向西方借貸，因此把山西平定、盂縣、澤州、平陽等地的煤礦六十年的開採權賣給英國福公司。義大利首相羅迭尼、英國女王的女婿勞爾等，都是該公司的股東。福公司是首個進入山西進行經濟掠奪的外國經濟集團。

一九〇五年，福公司開始在陽泉的正太鐵路兩側勘測礦地，到處豎立標誌。為壟斷礦產資源，英方向清政府施壓，要求禁止當地民眾開礦採煤，已經開採的礦井也要封閉。

消息一出，全省譁然。

保礦運動是從陽泉開始的。當年九月，富戶張士林召集當地愛國紳士李惠、黃守淵、池莊等人倡議成立了礦產公會、保艾公司、固本公司等，在陽泉進行採礦、樹立界碑等行動，與英國福公司抗爭。行動剛開始所需的經費、人員等問題都由張士林慷慨提供。

保礦運動很快就傳到了省城太原，山西大學堂、中學堂首先回應，學生們罷課、集會，發表宣言表示對行動的支持，由此發展成了一場歷時三年、聲勢浩大、震撼國內外的保礦運動。省內多地富商如渠本翹、馮濟川等紛紛加入，巡撫張人駿也表態支持，還派人進京與外交部門交涉，在京的晉籍官員也紛紛響應。

　　一九〇六年十月十三日，留日的陽高學子李培仁發出「痛晉礦之將亡，傷祖國之不振」、「決不令外族役我尺寸土」的吶喊，在東京跳海自盡，以這種激烈的方式來喚醒國人。

　　當李培仁的遺體被運回太原時，省城舉行了萬人追悼大會。會上通過了爭回礦權，籌款自辦的決議，決心將保礦運動進行到底。

　　一九〇七年春，渠本翹等人正式成立了「山西商辦全省保晉礦務有限公司」，與福公司交涉談判，要贖回採礦權。一九〇八年一月二十日，在外交斡旋下，雙方簽訂了《贖回開礦製鐵轉運合同》，約定向福公司支付二七五萬兩白銀，先支付一半，另一半分三次付清，以前訂的合同全部作廢。

　　全省各界都動了起來，短短幾個月時間就籌集到了第一筆款項，成功贖回了礦權。

　　一九二二年，保晉公司煤炭年產量二十二萬多噸，終於全部付清了贖款。

　　但一切努力，隨著一九三七年日本軍國主義入侵山西，侵吞礦產資源而歸零，保晉公司亦不復存在。

民國時期

太原起義

兩月全省光復

　　明清太原城南門承恩門，一九一一年在太原起義勝利後，改為首義門，新中國成立後被改造為五一廣場。

　　一九一一年十月二十八日晚，駐紮在山西的清政府新軍四十三協八十五標二營管帶（營長）姚以價率人衝進山西巡撫衙門，山西巡撫陸鍾琦父子被殺，稍後趕來的協統（旅長）譚振德亦被殺，舊王朝軍政主官殞命，太原一夜光復。

　　戰鬥並未持續很久，即使是在滿人聚居的滿城，在被革命軍打炮恐嚇後，也立即掛了白旗，到天亮時，市面上已經基本安定。山西的革命黨為此準備了好幾年。

　　一九〇五年，同盟會員閻錫山、溫壽泉等人從日本接受任務回到山西，因在日本學的是軍事，所以百般打點，在山西新軍中擔任了高級軍官。閻錫山是山西兩標之一的標統（團長），而溫壽泉當上了山西督練公所會辦兼陸軍小學堂監督，另外一標標統黃國梁亦同情革命，中級軍官大多被吸收進革命黨。在普通士兵中，革命黨也派遣骨幹，借用會黨的方式，將傾向於革命的士兵組織起來。

在社會上，同盟會員王萬賓、景梅九等人創辦報刊、鼓吹革命，山西的形勢在辛亥革命前早已是山雨欲來風滿樓。

當年武昌起義後，全國回應，陝西革命黨於十月二十二日起事後，山西巡撫陸鍾琦對山西新軍也不放心，於是想將兩標分割。黃國梁的八十五標調往晉南防備陝西，且命令黃國梁立刻調防，閻錫山的八十六標調往大同。在此形勢下，革命黨人決定借領取子彈被服的機會，提前發動起義，並最終一戰功成，二十八歲的閻錫山當上了山西都督。

太原起義成功後，各府相繼，傳檄而定，不到兩月全省光復。

山西起義的成功，對整個辛亥革命意義甚大，孫中山說，「使非山西起義，斷絕南北交通，天下事未可知也」，後來南北和談，針對山西起事是革命起義還是亂兵鬧事這一問題竟有爭議，孫中山斬釘截鐵地表示「寧肯和議不成，不能不承認山、陝的革命同志」，一錘定音，山西在辛亥革命中的地位就此確立。

不過，起義後當上山西都督的閻錫山，為了自己的權位，在關鍵的定都問題上倒向了袁世凱，被革命同志們憤恨，而他自己，也由此開始了對山西長達三十八年的獨裁統治。

山西鼠疫

民國防疫大考

十四世紀，一場黑死病改變了歐洲歷史。五百年後，同樣的病魔侵入山西，民國山西政府面臨首次防疫大考驗。

一九一八年初，流行於蒙古一帶的鼠疫由商人傳入山西大同，患者身上會出現黑斑，所以又被稱為黑死病。一月五日，右玉縣突發致死現象。六日，閻錫山召開緊急會議，確定鼠疫性質為「有防無治」，提出衛生防疫是一場保衛家園的戰爭。

為了控制疫情傳播，閻錫山急令阻斷晉北交通，實行嚴格的交通管制和隔離措施，重兵設置四道防線，並在省城太原附近加派軍隊檢查，一併發布隔離、收容等章程。眾多官員由於防疫不力而被閻錫山撤職處分。

山西設立防疫總局，內務部介紹來的美國醫學博士楊懷德被聘為防疫總顧問。省內中西醫生，尤其是留過學的西醫被派往山西各地。防疫動員了社會各界力量和外國團體、友人、教會等。山西防疫工作中的外國醫護人員有六十七名，三十六位醫士分別來自美國、英國、法國、義大利和瑞典，他們被派往代縣、寧武、偏關、五寨等地，構

成防疫的主要技術力量。同時，以省署名義製作了宣傳防疫手冊二十多萬份，在主要疫區散發。

防疫總局設立了疫病院和疑似病院。疫病院病人一人一室，不准親屬探視。疑似患者都被收治到疑似病院，在醫生准許下親屬可探視，但必須與病人相距三四尺，不能超過十分鐘。

這場鼠疫在山西持續了兩個半月，先後蔓延二十八個縣，死亡二六五九人。因為防控得力，對鼠疫傳染迅速，稍有疏忽便禍至滅種的嚴重性有清醒認識，措施具體果斷，從而有效地控制了疫情的蔓延，避免了更大範圍的人員死亡。

但全國的情況不容樂觀，疫情從疫源區綏遠（今內蒙古、河北一帶），波及山西、直隸、山東、安徽、江蘇等省，死亡一點四六萬人。

一九一八年的這場鼠疫，在中國公共衛生史上具有轉折性意義。北洋政府從此在內務部設立了防疫委員會，以防疫為主的公共衛生問題首次進入中國政府基本職能範疇。

視線轉向國門外，一九一八年還有一場更大的疫情，即發生在歐美的「西班牙流感」，導致了全球大約有二千萬到四千萬人死亡。

晉軍出關

遇挫保境安民

一九一七年七月一日，淩晨三點，故宮，張勳和康有為等三百多人擁護清朝十二歲的廢帝溥儀重登皇帝寶座，改民國六年為宣統九年，上演復辟清室一幕。

全國譁然，三日，民國代總統馮國璋、國務總理段祺瑞發出「誓討復辟」通電。四日，山西都督閻錫山致電段祺瑞，表示山西願出兵進駐石家莊，會師北上共同「討逆」。

五日，晉軍第一混成旅在旅長商震的帶領下，東出娘子關，第三天，晉軍第三混成旅孔繁霨沿同一路線進駐石家莊。

七月十二日，會師後的討逆軍進攻北京城。晉軍兩旅被編為討逆軍西路第五、第六縱隊。總攻時，晉軍率先攻克德勝門，其他部隊先後攻入京城。戰鬥最激烈的地方在天安門，晉軍調山西炮兵一團猛攻，強烈的炮火下，張勳部隊終於投降，張勳逃往使館區，溥儀再次宣布退位。

張勳復辟失敗，段祺瑞重新上臺後，任命閻錫山為山西督軍兼省

長，閻錫山集山西的軍政大權於一身。九月，段祺瑞命閻派兵前往湖南，幫助湘軍進攻廣西。

這是破天荒的大事，山西軍隊第一次遠征數千里，深入陌生的南方作戰。閻錫山繼續派出商震，率晉軍第一混成旅開赴湖南。

十月，士氣十足的晉軍再出娘子關，經正太線、京漢線到達湖南永豐前線，與桂軍發生激戰，戰事膠著，桂軍增派援軍仍不能勝。湘軍前線卻發出停戰通電，撤出部隊。形勢突變，晉軍淪為孤軍，邊戰邊退，直至被包圍繳械，全軍無歸。商震隻身一人輾轉逃回山西。

閻錫山吸取教訓，從此後埋頭於省內政治、經濟建設，提出「保境安民」的口號，一心積蓄力量，暫時退出軍閥混戰。

一九一八年起，閻錫山進行了大規模的擴軍，到一九二七年，晉軍發展成擁有十三萬兵力的地方勁旅，勢力波及綏遠（今內蒙古、河北一帶），被稱為晉綏軍，為閻錫山逐鹿中原提供了軍事基礎。

中原大戰

閻馮聯手反蔣

一九二九年六月，在蔣馮大戰中失敗的馮玉祥受邀來到山西，先被閻錫山安排到太原南郊的晉祠，後又被送往五臺縣建安村，傳說也在河邊村的閻錫山故居住過，在晉居留十個月之久。

期間，國內各派反蔣勢力紛紛派代表到太原，各方力量雲集，山西成了反蔣勢力的核心區域。

北伐戰爭後，閻錫山任總司令的第三集團軍占有山西、河北、察哈爾、綏遠等省及北京、天津兩市，成為最搶眼的軍事集團。蔣介石在打贏蔣桂、蔣馮戰爭後，強硬裁軍，要求各地交出兵權，並順水推舟地同意了閻錫山請辭山西省主席的試探性報告。這促使奉行兩面政策的閻錫山下了決心，與各派結成反蔣聯合陣線。

一九三〇年三月，閻錫山電邀各派主要人物到太原，共商「國是」。五十七人聯名通電，擁戴閻錫山為中華民國陸海空軍總司令，馮玉祥、張學良、李宗仁為副總司令，要求蔣介石還政於民，彙集七十多萬兵力投入戰爭。

五月十一日，蔣介石下達總攻擊令，討伐閻、馮，國民黨統治史上規模最大的一次反蔣戰爭爆發，史稱「中原大戰」。

戰爭持續了五六個月，初期雙方勢均力敵。九月分，張學良發表和平通電，呼籲各方罷兵。蔣介石撥給張學良一千萬銀圓的軍餉並允許東北軍入關後，張學良直接表明擁蔣態度，派兵入關接手平津。這使戰爭態勢發生根本改變，十月初，中原大戰以反蔣聯合陣線的失敗告終。

晉綏軍兵敗往回撤的同時，同盟軍中失去陣地的殘部，約十幾萬兵力也隨著到了山西。如馮玉祥率部駐在汾陽一帶，張自忠率部駐在晉南一帶，孫殿英率部駐在晉東南一帶。七省軍閥部隊所有支出，全都由地方支應，軍費開支驚人，軍民矛盾激烈，這讓戰後晉鈔通脹，陷入經濟危機的山西雪上加霜，客軍問題一度成為山西的最大難題，直到一九三四年這些客軍才全部撤走。

同蒲鐵路

山西自籌自建

同蒲鐵路是首條山西人自己籌款、自己修建的鐵路，在中國交通史上可謂壯舉。

一九〇二年修的正太鐵路（河北正定到太原，今石太線），是山西之前唯一的鐵路，由清政府委託法國銀公司承建，所以採用的是法國型鐵路軌距，即一米寬的窄軌。正太鐵路在山西境內有一七〇點七千米，是東出娘子關的重要通道。

一九三三年五月，同蒲鐵路正式開工，全長八六五千米，以太原為中心分別向南北推進，修成一段，運營一段。太原以北是北同蒲，到七七事變爆發時，只通車到雁北懷仁；太原以南是南同蒲，一九三六年元旦提前完工，通車到風陵渡。

同蒲鐵路的籌建歷經三十年，清政府和袁世凱時期都有修建計畫，但均因政權變更、戰火不熄未能實施。一九三二年，閻錫山再度執政山西，同蒲鐵路作為重要工程上報南京國民政府獲批。十月，晉綏兵工築路局成立；一九三三年一月，晉綏兵工築路指揮部成立，閻錫山任總指揮，調集三萬兵工修建同蒲鐵路。

甲午海戰後，除了京張鐵路，中國的大部分鐵路由西方人修建。山西民間從鐵路籌建期就堅持自籌自建，反對外國資本進入山西，借機掌控經濟動脈。因為工程艱苦，費用巨大，閻錫山在給鐵道部的報告中做過核算對比：如果修成標準軌道，五十年內不但賺不了錢，累計還要虧損三十七億多元；若修窄軌，二十年內除收回全部投資外，還可盈利六百七十萬元。所以和正太鐵路一樣，同蒲鐵路初建時也是用一米寬的窄軌。也有種說法認為，這是閻錫山阻止省外勢力入晉的辦法，體現他的「保境安民」、「自存自固」的思想。

　　一九三七年，抗日戰爭爆發。日軍占領期間將北同蒲改為標準軌道。一九四九年新中國成立，山西省成立了鐵路修復指揮部，南同蒲也改為標準軌道。一九五一年八月，同蒲鐵路全線恢復通車。作為晉煤外運的主要幹線，一九九二年北同蒲鐵路全部廢除蒸汽機車，改為內燃機車和電力機車。

　　二〇一四年三月，近萬工人為同蒲鐵路更換重型軌枕，同蒲鐵路具備了火車提速和通過重載列車的條件。

紅軍東征

志丹血灑三交

一九三六年一月三十一日，中國工農紅軍抗日先鋒軍正式成立，彭德懷任總司令員，毛澤東任總政治委員。二月十八日，他們召開紅一方面軍團以上幹部會議，聯名下達關於東渡黃河，在呂梁山脈附近開闢臨時根據地的作戰命令。同時發表聲明，要求山西當局允許紅軍通過山西，開赴華北抗日前線對日作戰。

二月二十日，紅軍強渡成功，與閻錫山的晉綏軍沿黃河一線展開激戰。四月十四日，紅二十八軍軍長劉志丹在三交鎮戰鬥中犧牲。

晉綏軍的千里河防崩潰，閻錫山電請蔣介石派軍增援。蔣介石先後派七路縱隊入晉，派陳誠親自到山西坐鎮，令空軍進駐太原，配合地面部隊作戰。中央軍前後援晉達十二萬人。

在中央軍和晉綏軍的合力圍攻下，紅軍到五月底陸續撤回陝北，發出停戰議和、一致抗日的通電。

東渡黃河進入山西的紅軍，七十五天轉戰山西五十九縣，殲滅晉綏軍七個團，俘虜四千多人，擴充紅軍八千多人，籌款三十多萬銀

圓，使經過兩萬五千里長征後的紅軍得到了及時補充。

陝甘根據地為劉志丹舉行了隆重的公葬儀式，把保安縣改名為志丹縣。

如今在山西石樓和柳林，當年紅軍東征過的地方都修建了東征紀念館，存有當年東征紅軍的軍旗和歷史照片、實物。在柳林縣三交鎮，當年劉志丹飲彈犧牲的地方，也修建了塑像和紀念臺。

平型關大捷

八路抗日首勝

　　一九三七年七月七日，日軍在華北發動了七七事變，開始了全面侵華戰爭。第二天，中共中央發布通電號召全中國軍民團結起來，抵抗日本的侵略。之後，國共雙方逐步形成抗日民族統一戰線，開始了共同抗日。

　　由於國力和裝備上的巨大差距，中國軍民正面戰場軍隊雖奮力抵抗，但仍不敵日軍，華北地區大片國土淪陷。日軍氣焰囂張，放出豪言「三月解決中國事變」。不久，戰火就燒到了「華北屋脊」山西。

　　當時，作為第二戰區司令長官的閻錫山判斷，日軍裝備精良，為發揮其機械化部隊的優勢，必然把鋒芒指向大同。據此，他部署了大同會戰計畫，置重兵於大同南北，形成口袋陣，坐等日軍進攻。然而，日軍板垣師團卻劍走偏鋒，直奔平型關。

　　平型關地勢險要，古稱瓶形寨，周圍地形如瓶，在山西繁峙縣東北與靈丘縣相交界的平型嶺下，雁門關之東，明朝時是內長城重要關隘。板垣征四郎認為此地是山西和河北的交界地，兵力薄弱，戰略位置突出，扼守著靈丘至大營的公路，是進攻雁門關的必經之地。進攻

此地，可實現其三個月滅亡中國的計畫。

　　大同會戰計畫流產，雁門關一帶囤積了大量兵力，平型關一帶卻兵力空虛，危如累卵。閻錫山在與朱德、周恩來、衛立煌、彭德懷等人反復協商之後，調整戰略，制定了在平型關圍殲日軍的計畫。與此同時，閻錫山要求八路軍先頭部隊迅速挺進晉東北，協同其堅守長城防線。

　　九月，八路軍一一五師先頭部隊進抵平型關一帶，派出偵察部隊調查平型關地區地理情況和敵情，為平型關殲敵做各種準備。二十三日，林彪、聶榮臻在上寨召集幹部會議，作出初步計畫。二十四日，第二集團軍、第六集團軍送來「平型關出擊計畫」，擬定七十一師附新編第二師及獨立八旅一部配合一一五師向平型關以東的日軍出擊。

　　二十五日凌晨，一一五師的士兵們頂著狂風暴雨於拂曉前到達了指定地區，埋伏起來。五時許，敵軍開始進入伏擊圈，聶榮臻指示：沉住氣，無命令不許開火。待板垣師團第二十一旅團千餘人及三百餘輛汽車進入伏擊圈後，一聲命令，五連連長曾賢生率全連向敵衝殺，用手榴彈炸毀敵人最後一輛汽車。日軍退路已無，拼命反撲，爭奪公路兩側的制高點——老爺廟，但被一一五師的將士們一次次殲滅，日軍轉而攻擊獨八旅，企圖衝破獨八旅陣地逃命。獨八旅把一線配備改為縱深配備，拼死抵抗。激烈的戰鬥一直持續到二十七日，敵板垣師團二十一旅千餘日軍幾乎被全殲，由於日軍頑抗，八路軍也有約九百人的傷亡。

　　平型關大捷，殲敵一千多人，繳獲步槍一千多支，輕重機槍二十多挺，另有大量其他戰利品，是抗戰以來中國取得的第一次大勝利，

粉碎了「皇軍不可戰勝」的神話，鼓舞了全民族的抗戰熱情。同時，遲滯了敵人的進攻。

毛澤東在大捷次日致電朱德、彭德懷：「慶祝我軍的第一個勝利」。同時，認為「平型關的意義正是一場最好的政治動員」。之後，毛澤東根據平型關戰鬥的經驗指出，我八路軍「根本方針是爭取群眾，組織群眾的游擊隊。在這個總方針下，實行有條件的集中作戰。」不久，將這一方針概括為「獨立自主的游擊戰和運動戰」，成為中國在抗日戰爭中的作戰指導思想。

忻口戰役

夢齡以身殉國

忻口，是山西北部通往太原的咽喉。一九三七年十月一日，日軍南下直取太原，忻口成為保衛太原的最後一道防線，這裡註定要有場血戰。

閻錫山布下四路重兵，全線兵力八萬多人嚴防死守。為爭取時間部署兵力，姜玉貞率一九六旅與日軍苦戰十一天，數千將士為國捐軀，為守軍贏得布防時間。

十月十二日，忻口戰役正式打響，其中爭奪南懷化、激戰大白水、血戰紅溝等戰鬥極其慘烈。南懷化204高地爭奪戰，在二十四小時內，兩軍易手達十三次，國民黨守軍六次失去陣地，又一次次奪回來，日軍傷亡三千多人，國軍傷亡在萬人以上。此役慘烈悲壯，將士們視死如歸，中央兵團指揮、第十九軍軍長郝夢齡以身殉國。

十月二十四日，郝夢齡的靈柩被運回家鄉武漢，以國葬儀式安葬於武昌，漢口北小路改名為郝夢齡路。一九三八年三月十二日，延安召開追悼抗敵陣亡將士大會，中共高度評價了郝夢齡抗日殉國的精神。

為了配合國民黨軍正面戰場，八路軍在右翼軍團的位置上，展開游擊戰，頻頻牽制日軍。十九日，八路軍第一二九師夜襲代縣陽明堡的日軍機場，經過一個小時的激戰，焚毀敵機二十四架，使陷於忻口戰役的日軍喪失了空中打擊能力和供給能力。

　　日本華北方面軍為了扭轉忻口形勢，曲線救援，十月下旬從東面派三個師進攻娘子關，威逼榆次、太原。忻口守軍腹背受敵，被迫撤軍。戰役持續了二十三天，日軍傷亡二萬多人。

　　十一月八日，太原失守，華北最後一個戰略要點門戶洞開。

　　忻口戰役是抗戰以來，國共兩黨軍隊在華北正面戰場規模最大的聯合抗日戰役，開創了聯合禦敵的先例，也是抗戰期間持久抵抗、戰績顯著的一次大會戰。

　　忻口戰役遺址就在忻州北二十五千米處，南北長一千米，東西寬五百米，現存有與日軍作戰時修築的窯洞五十多孔、二〇四號激戰地、忻口戰役紀念碑、郝將軍指揮所及日軍罪證碑等。

敵後戰場

抗戰中流砥柱

　　武鄉縣磚壁村八路軍總部、王家峪八路軍總部、左權縣麻田鎮八路軍總部、沁源縣閻寨村太岳軍區司令部……抗戰期間，八路軍在山西留下的諸多舊址，現均已成為紅色教育基地。

　　一九三七年十月後，整個華北基本淪於日軍之手，華北正面戰場解體。中共中央發出指示，將八路軍三個師正規軍轉化為游擊軍，放手發動群眾，團結一切力量組成抗日統一戰線，並建立抗日政權，由此在敵後釘下一根根楔子，與日軍展開持久鬥爭，以待最後勝利。

　　此後，以山西為中心，八路軍一一五師依託五臺山創建了晉察冀根據地，一二九師依託太行山和太岳山創建了晉冀魯豫根據地，一二〇師依託呂梁山創建了晉綏根據地。在山西、河北、察哈爾、綏遠、熱河、山東等省的廣大地域中，由點到線，再到面，根據地不斷擴大，邊區政府組織敵後民眾，投身抗日洪流。

　　八年間，邊區政府不僅發展生產，改善群眾生活，而且持續堅定地對日作戰，晉冀魯豫根據地八路軍與日寇作戰三萬餘次，殲滅日偽軍十九萬多；晉察冀根據地八路軍與日寇作戰三點二萬次，殲滅日偽

三十五萬人；晉綏根據地八路軍與日軍作戰一萬多次，殲滅日偽十萬多人──幾乎無時不戰、無地不戰，用這樣鐵一般的事實向世界宣告，中國在抵抗。

整個華北敵後抗日根據地的發展，是和全民抗日救國融為一體的：山西不僅有工人抗日救國會、農民救國會、婦女救國會、青年救國會，連五臺山的僧人都組織起了和尚連。八路軍從主力東進時的三萬人迅速發展為百萬大軍，無疑是得到了人民的廣泛支援，「母親叫兒打東洋，妻子送郎上戰場」，《我們在太行山上》這首歌真實地描寫了中共領導的敵後抗日情形。

邊區政府和八路軍，在八年的戰爭歲月中，和人民結下深厚的情誼，這也成為解放戰爭勝利的保障。

八路軍紀念館　梁銘／攝影

太原戰役

華北徹底解放

太原戰役，是解放戰爭時期歷時最長、參戰人員最多、戰鬥最激烈、傷亡最慘重的城市攻堅戰。

閻錫山早在戰爭結束前一個月就放棄了這座孤城，一九四九年三月二十九日，他乘坐專機祕密離開太原。第二天，他的五臺同鄉徐向前奉中央軍委電令，以司令員兼政委身分成立太原前線司令部。

但城堅難攻，早在抗戰初期的太原保衛戰中，傅作義將軍就在太原營造了堅固的防禦工事，後來閻錫山又加建了諸多碉堡。

四月二十四日，解放軍攻城部隊一千三百餘門大炮同時向太原城牆發起轟擊，工事被摧毀，攻城部隊衝上了城頭。九時十五分，突擊部隊衝入綏靖公署，閻部軍政首腦孫楚、王靖國等舉著白單子從藏身的地下室魚貫而出。

太原宣告解放，統治山西三十八年的閻錫山政權從此滅亡。

攻城前，潛伏在太原城的情報人員就將地圖送了出去，原山西省政府主席趙戴文之子趙宗復，在地圖上一一標注太原的文物古蹟，提

醒炮攻時避讓，但誤傷也在所難免。

太原城東南標誌性建築雙塔寺，駐紮閻部守軍四千人。攻城戰鬥中，西塔文宣佛塔被炮火擊傷。一九八六年，當年指揮作戰的原六十三軍軍長鄭維山重遊雙塔寺，仍惋惜不已。太原南門首義門毀於炮火，新中國成立後這裡改建成五一廣場。

太原城東北的臥虎山要塞，駐紮「鐵血師」等部五千人，配備火炮一百七十多門，解放軍猛攻十小時後拿下該要塞。新中國成立後，這裡建起園林化的奶牛場，後在陳毅元帥的建議下，擴建為臥虎山公園，二〇〇四年改建成太原動物園。

太原戰役從一九四八年十月五日起，歷時六個多月，閻軍傷亡十三萬人，解放軍傷亡四點五萬餘人，慘烈程度遠超同期突破長江天塹的渡江戰役。

太原解放六天之後，大同實現和平交接，山西全境宣告解放。

後記

　　《山西文化之旅》是一套以故事敘記山西歷史文化的普及性讀物。

　　斯著之成，始於山西省副省長王一新之構倡，策劃創作期間，屢示洞見。山西省旅遊局負責本書的具體實施和推廣。山西省政府盛佃清先生，山西省人大常委會韓和平先生，山西省旅遊局馮建平先生、王炳武先生，山西省新聞出版廣電局齊峰先生親力協調統籌、總理編務，襄助良多。山西省政府辦公廳郭建民、樊張明、李仁貴、梅強、薛冬，山西省旅遊局陳少卿以及山西省委外宣辦鄧志蓉、王寶貴亦不辭辛苦，為叢書撰寫做了大量工作。太原師範學院劉敏、王傑瑜、袁鈺等專家學者參與本冊文稿審核，多有裨益。一併銘謝！

昌明文庫・悅讀文化 A0605019

山西文化之旅——歷史事件篇

主　　編	晉　旅	
版權策畫	李煥芹	
發 行 人	林慶彰	
總 經 理	梁錦興	
總 編 輯	張晏瑞	
編 輯 所	萬卷樓圖書股份有限公司	
排　　版	菩薩蠻數位文化有限公司	
印　　刷	百通科技股份有限公司	
封面設計	菩薩蠻數位文化有限公司	
出　　版	昌明文化有限公司	

桃園市龜山區中原街 32 號

電話 (02)23216565

發　　行　萬卷樓圖書股份有限公司

臺北市羅斯福路二段 41 號 6 樓之 3

電話 (02)23216565

傳真 (02)23218698

電郵 SERVICE@WANJUAN.COM.TW

大陸經銷　廈門外圖臺灣書店有限公司

　　電郵 JKB188@188.COM

ISBN 978-986-496-539-7

2020 年 2 月初版

定價：新臺幣 300 元

如何購買本書：

1. 轉帳購書，請透過以下帳戶
   合作金庫銀行 古亭分行
   戶名：萬卷樓圖書股份有限公司
   帳號：0877717092596
2. 網路購書，請透過萬卷樓網站
   網址 WWW.WANJUAN.COM.TW

大量購書，請直接聯繫我們，將有專人為您

服務。客服：(02)23216565 分機 610

如有缺頁、破損或裝訂錯誤，請寄回更換

版權所有・翻印必究

Copyright©2020 by WanJuanLou Books CO., Ltd.

All Right Reserved　　　　　Printed in Taiwan

國家圖書館出版品預行編目資料

山西文化之旅.歷史事件篇 / 晉旅主編.-- 初
版.-- 桃園市：昌明文化出版；臺北市：萬
卷樓發行, 2020.02
　面；　　公分.--(昌明文庫；A0605019)
ISBN 978-986-496-539-7(平裝)

1.文化史 2.山西省

671.42　　　　　　　　109002012